Le kout poud
Maladie, Vodou et Gestion des conflits en Haïti

5-7, rue de l'École-Polytechnique ; 75005 Paris
http://www.librairieharmattan.com
harmattan1@wanadoo.fr
diffusion.harmattan@wanadoo.fr

ISBN : 978-2-296-04133-2
EAN : 9782296041332

Marie MEUDEC

Le kout poud
Maladie, Vodou et Gestion des conflits en Haïti

L'HARMATTAN

Mot du directeur de la collection

Nous ne pouvons, en lançant cette collection, ne pas penser à Edward Saïd. "L'Autre Caraïbe" aurait pu être une démarche qui trouverait son fondement dans son *Orientalisme*, dans sa contestation du discours simple sur l'Autre qui oriente ses rapports avec lui-même et avec autrui. L'Autre que Saïd nous invite à découvrir ne réside pas dans le discours binaire d'un monde bon qui apporterait la lumière partout où elle n'existerait pas, mais plutôt dans un dialogue avec le différent. Ainsi en l'écoutant, comprendrons-nous qu'il est un *Homme de parole,* et nous nous délierons d'*a priori* qui nous privent d'une liberté essentielle, celle de penser la différence pour ce qu'elle est.

"L'Autre Caraïbe" est un dépassement de la vision du Carib comme étant un *Canibala* pour saisir l'histoire de ce peuple qui a façonné les terres antillaises pendant de longues périodes. Cette collection se veut la promesse de faire apparaître, dans son actualité, l'hôte de la caraïbe, celui-là qui tient son lieu dans *Ces îles qui marchent* et qui attirent le Divers pour l'informer comme un creuset, mais tout en préservant ses singularités.

C'est à ce tournant délicat que nous vous convions dans cette nouvelle collection. Nous comptons revisiter les sociétés caribéennes pour mieux évaluer leur trajet et leur présent, sans faire, comme nous le suggère assez judicieusement Jean Chesneaux (1976), du passé table rase. Car nous envisageons d'interpeller certaines vérités que nous avons héritées des aventures *ethnocisantes* de ce passé pour voir la Caraïbe telle qu'elle est: un lieu pétri de cette Histoire qui est saisissable, comme œuvre intégrale, à la croisée des chemins des Sciences Humaines. Deux questions guideront notre quête de sens. La première portera sur l'identité de cette Caraïbe plurielle et la deuxième sur sa place dans l'histoire universelle.

Les auteurs qui seront mis à contribution tenteront une réponse et mon amie Marie Meudec, la première. Elle nous dévoile la place du *kout poud* dans le vaudou haïtien. A la lecture de ce livre le lecteur remarquera que ce phénomène est plus complexe qu'il en a l'air. Il explique et est expliqué par bien des déterminants...

Fritz Calixte
Directeur

Préface :
Le *kout poud* : un coup de foudre ?

La confusion toujours possible entre "poudre" et "foudre" m'a laissé accroire, lors de notre première conversation, que Marie Meudec faisait une recherche sur la relation entre la maladie d'amour et le coup de foudre… Cette première méprise me laissa l'intuition durable que la généalogie entre la poudre et la foudre n'était pas seulement due à la proximité sonore, mais qu'elle résidait en ceci que les deux charmes étaient portés par un "coup", vecteur immatériel et diffus mais puissant et concentré dans ses effets.

Le propos annoncé était de comprendre la nature de la maladie et le type particulier de rapport que les Haïtiens entretiennent avec leur corps en assignant un principe au *kout poud* une généalogie raisonnée. A la lecture, il s'avère que le pari est tenu. L'originalité de cette recherche, c'est de placer le patient au cœur de la problématique et de renverser la perspective du diagnostic : *subaltern attitude*, qui renvoie, de façon implicite, aux travaux de Ranajit Guha sur la compréhension des représentations "par le bas" des mouvements historiques qui ont traversé les catégories populaires. En effet, Marie Meudec s'appuie sur un corpus impressionnant d'ouvrages et de référence faisant autorité dans le domaine de l'anthropologie médicale, de la sociologie et de l'ethnologie pour mettre en perspective des pratiques qui relèvent de trois domaines : du social, du culturel et du biologique.

Il est plus classique d'appréhender l'âme d'un peuple par ses pratiques cultuelles, sa religion, sa cosmogonie. L'audace de cette approche, c'est de placer le corps au centre de la recherche et de considérer que le discours que les hommes portent sur leur "machine" importe autant que les connaissances scientifiques pour la compréhension de la notion de maladie. Par cette leçon de relativité clinique, Marie Meudec nous invite à interroger des concepts considérés comme établis dans leur validité d'airain : santé, maladie, remède, guérison, corps, vie et mort. On s'avise à la lecture de ces lignes que ces notions ne recoupent pas la même réalité selon le contexte historique, culturel et social où l'on se trouve.

C'est à une véritable généalogie du mal proprement haïtien, que nous invite l'ouvrage, passant en revue les fondements à la fois clinique, culturels et sociaux d'un mal aussi profond que difficile à établir dans toute son étendue. Il s'agit d'un travail de terrain que Marie Meudec a mené dans des conditions particulièrement difficiles, du fait de l'instabilité politique chronique du pays. Sa connaissance étendue de la bibliographie jointe à une pratique approfondie du terrain ont permis à la chercheure d'éviter bien des écueils que sa jeunesse auraient pu excuser : la commisération naïve ou l'empathie béate du néophyte. Son travail dénote de bout en bout un souci éprouvé de scientificité du propos et de vérification scrupuleuse de ses sources. La maîtrise de la langue créole et une certaine capacité cultivée à entrer en dialogue avec les autres a conduit Marie Meudec à construire un cadre conceptuel strict et un champ sémantique définis selon les canons de la discipline anthropologique. Ce qui lui a permis de définir des trajectoires thérapeutiques atypiques, des représentations individuelles imbriquées dans des cosmogonies collectives inédites, inconnues en tout cas de la taxonomie occidentale.

Le *kout poud* apparaît comme un motif nosologique intéressant et pertinent pour qui prétend pénétrer l'âme haïtienne, dans une perspective anthropologique sociale et culturelle. On saura gré à Marie Meudec d'avoir levé un certain nombre de doutes sur l'universalité des croyances et des pratiques liées aux représentations du corps et de la santé. La primauté de la conception occidentale et la taxonomie étiologique des maladies ont longtemps jeté un voile de suspicion sur les pratiques et les croyances populaires. L'idée du progrès de la médecine et de l'avancée de la science grâce aux connaissances scientifiques tenait en haute lisière les remèdes de grand'mère inspirés par une pratiques ancestrales de la médecine.

L'auteure part de l'hypothèse que la maladie, en Haïti, ce n'est pas seulement le constat clinique d'un dysfonctionnement de l'organisme selon les critères occidentaux de la santé, mais un ensemble organique d'affections, dont la "maladie" n'est qu'un des signes manifestes, non le seul, ni le plus important. Aussitôt que survient la maladie, des relations sont à établir entre les divers champs sur lesquels se déroule l'univers des représentations de l'individu. Il est dès lors important de comprendre le mal dans son intégralité pour pouvoir l'appréhender avec précision et le guérir. La finalité d'un tel travail, c'est de mettre à la disposition du praticien et de l'homme de terrain un outil essentiel pour la compréhension de l'univers social, mental et culturel haïtien.

Sans vouloir établir de lien de cause à effet entre la situation sanitaire déplorable du pays et la récurrence de certaines pratiques magiques, l'auteure souligne de fait une relation entre le niveau d'éducation et le nombre de patients qui recourent à la médecine des feuilles. Du simple constat à l'interprétation des faits, Marie Meudec propose une méthodologie pertinente : prendre au mot les patients pour avoir une chance de les guérir, quelle que soit la thérapeutique choisie. Or dans l'imaginaire du patient haïtien, il y a deux niveaux d'occurrence de la maladie.

Il y a tout d'abord la maladie selon la nature : celle contre laquelle la médecine des hommes est encore capable de résultat, et pour laquelle il suffit de s'en remettre à la médication habituelle des potions de pharmacie. Face à cette maladie-là, le patient haïtien se révèle particulièrement dépourvu : Marie Meudec rappelle incidemment qu'il n'y a en Haïti qu'un médecin pour 40 000 habitants, qu'un enfant sur huit qui naissent meurt avant d'avoir atteint l'âge de 5 ans, que le pays est le plus pauvre de l'hémisphère occidental, que les campagnes sont enclavées et que les pharmacies sont rares. Dans un tel contexte, le recours à la médecine traditionnelle, aux feuilles, est une ruse de légitime défense de la part d'une population abandonnée à son sort par le pouvoir de la ville. Face à ce type de maladie, l'attitude de la population est analysée comme oscillant entre la résignation stoïque et l'ignorance coupable.

Puis il y a la maladie contre-nature, celle envoyée par les forces mauvaises et contre laquelle la médecine des hommes ne peut rien. Maladie inopinée, foudroyante et fatale, le *kout poud* est une appellation générique pour une gamme étendue de maladies qui surviennent à l'occasion d'un sort jeté par autrui ou d'un dérèglement dû à la violation de certain tabou. Face à une telle occurrence, l'individu s'en remet à la connaissance des spécialistes, des *hougan*. Ceux-ci, pour la guérison ou pour dénouer les sorts les plus tordus, sont les intercesseurs entre le monde d'en-bas et le monde des lwa qui sont les ultimes gardiens de la mesure. Sur ce dernier point, Meudec élargit la comparaison à d'autres situations où le recours à la magie et à la sorcellerie est un mode coutumier de régulation des dysfonctionnements somatiques. En se référant aux racines africaines de la tradition haïtienne, elle révèle la composante historique et géographique des croyances ici mises en œuvre, mais elle révèle également la corrélation qu'il y a entre l'indigence des conditions sanitaires, le faible niveau d'éducation de la population et la persistance d'une acrimonie latente dans les relations de voisinage. Résurgence des temps de l'esclavage ? Difficile de répondre. En tout cas, le fait est qu'il y a un fond de méfiance dans les relations sociales qui prend la forme de la peur diffuse du loug-garou. Dans un tel contexte, qui ignore la loi de l'imperfection de la condition humaine, toute maladie est le fait d'une volonté malveillante imputable au premier venu. De là la difficulté à établir des relations de voisinage exempts de suspicion, d'esprit de vengeance pour de supposés sorts jetés sur le bétail, les récoltes, les enfants, etc.

Le paradoxe de cette croyance haïtienne, c'est de placer dans l'individu des capacités de nuisances diaboliques et des prérogatives de puissance qui en font des concurrents virtuels de Dieu lui-même. On peut affirmer ainsi que, ne se contentant pas de n'avoir pas placé sa confiance en un seul Dieu qui aurait été au-dessus de tous les autres, l'imaginaire religieux haïtien reconnaît à des individus des attributs qui en font des concurrents de Dieu. Cette appropriation collective des attributs du divin fait des *hougan* et des *manbo* des personnages de premier plan dans les campagnes et les catégories populaires haïtiennes qui accordent aux avis de ces personnages une place importante dans leurs pratiques curatives.

Cette conception de la maladie comme irruption du surnaturel dans l'ordre naturel des choses renvoie à l'idée plus profonde que la nature en elle-même est bonne, qu'elle réserve à l'homme le meilleur de toutes choses. Les maladies, la mort et les autres calamités de l'existence sont le fait des hommes et d'eux seuls. Il y a dans cette vision de la vie un pessimisme où l'on pourrait trouver à la fois le rire sardonique du diable et l'ironie grinçante de Satan qui se révèlent plus forts que Dieu, plus puissants que la science des Blancs.

A y regarder de près il y a également un rien de fierté nationaliste de la part des Haïtiens, même incrédules, à reconnaître des pouvoirs exceptionnels aux *bokor*. Ainsi se trouve accréditée l'idée d'un génie national plus savant que les autres, d'une capacité des forces mystérieuses de l'esprit à venir à bout des lois d'airain de la nature. Une telle croyance porte en germe le pire et le meilleur. Le pire : l'idée que la science ne peut rien contre les sortilèges. Le meilleur : que rien n'est impossible, même la sortie de la misère et du sous équipement sanitaire qui ont rendu possibles certaines stratégies de médication d'urgence en situation d'isolement absolu de la population des campagnes; la plus assidue, en quête de guérison, dans la fréquentation des officines des *hougan* et des *manbo* pour cause de *kout poud*.

Jean Marie Théodat

Avant-critique du Propos

Cet ouvrage est le résultat d'une expérience de terrain en Haïti, et ce dans un cadre universitaire, pour l'obtention d'un diplôme d'Études Approfondies (DEA) en Anthropologie de la santé à Aix-en-Provence, France. Recherche exploratoire bibliographique, enquête de terrain, analyse des données, telles furent les étapes menant à ce texte, rendant finalement compte de trois années de travail autour de la thématique des représentations de la maladie en Haïti et plus largement de la situation sanitaire, religieuse et socio-politique de ce pays de la Caraïbe.

Prétexte à parler d'Haïti, certes. Point de départ à une réflexion, également.

Cette exploration des représentations socio-culturelles haïtiennes par l'entremise d'un objet ou d'une action qu'est le Kout Poud - est teintée de lacunes dont j'avais déjà conscience sur le terrain. À ces manques dans la recherche, deux raisons principales : tout d'abord vient la naïveté d'une étudiante immergée dans un pays dont les référents culturels sont totalement différents de sa Bretagne natale, et ce malgré des efforts préliminaires (recherche bibliographique, rencontre avec des Haïtiens en France, apprentissage du créole, accès à une certaine compréhension via la littérature et la musique). Ensuite, surviennent les circonstances non prévues lors de l'enquête de terrain, à savoir la fermeture des écoles et universités un mois après mon arrivée, les manifestations régulières visant à demander le départ du Président en place J.B. Aristide, le climat d'insécurité (répressions, assassinats, kidnappings) augmentant progressivement jusqu'à mon départ en mars 2004, bref un chambardement politique que tous et toutes ont vécu à une époque précédant le départ du Président le 29 février 2004. Compte tenu des difficultés de terrain, cette réflexion mériterait bien entendu des approfondissements, notamment au niveau de la collecte des données ethnographiques.

Toutefois, malgré ces carences, j'ai volontairement choisi de laisser le texte en l'état, c'est-à-dire tel qu'il fut rédigé à la fin 2004. Et ce ne fut pas sans difficultés. En effet, actuellement doctorante à l'Université Laval à Québec, mes centres d'intérêt se sont élargis, en même temps que mes connaissances se sont - je l'espère - approfondies. Réfléchissant actuellement aux représentations et aux pratiques de sorcellerie à Ste-Lucie (île de la Caraïbe) du point de vue d'une anthropologie des moralités[1], analysant les commérages et la méfiance dans les perceptions différenciées de la sorcellerie, répondant à une volonté de sortir des sentiers battus de la santé ou de la religion, et m'appliquant toujours à des réflexions sur la thématique haïtienne[2], ma volonté était grande de reprendre le texte dans son intégralité. J'ai choisi malgré tout de conserver le contenu de l'époque, faisant fi des recherches ultérieures. Ce texte peut donc être lu comme une entrée en matière pour ce qui s'agit des interprétations magiques et sorcellaires en Haïti, comme un point de départ au questionnement sur le recours à la sorcellerie comme demande de justice, ou tout simplement comme un aperçu de plusieurs dimensions constitutives de la société haïtienne, c'est-à-dire une première approche d'Haïti.

Concernant les outils méthodologiques employés pour cette recherche, il s'agit d'une compilation de recherche bibliographique mêlée à de l'observation, des entrevues formelles et informelles. La méthode de collecte de données étant essentiellement qualitative, la plupart des informations a été obtenue par observation directe, donnant lieu à la collecte de documents oraux. Une méthode anthropologique classique dans laquelle les données recueillies proviennent essentiellement de conversations, en dehors de toute situation formelle d'enquête, à l'occasion de diverses rencontres. Sur le terrain, la posture fut empathique, cherchant à comprendre les concepts émiques employés par les personnes. Ce terrain fut une expérience personnelle, et l'analyse donna lieu à un questionnement par l'intermédiaire d'une "subjectivité réflexive", posture qui ne repose pas sur une neutralité d'opinion, voire sur l'absence de critères subjectifs dans la recherche, mais sur la capacité de l'anthropologue à penser, à partager la pensée de l'informateur, à se mettre à l'écoute, et à se remettre en question au cours des entretiens.

Car en effet la recherche anthropologique traite au présent de la question de l'altérité, et cette relation à l'Autre découle en partie de la vision personnelle du chercheur sur la question des relations humaines, à partir d'un bagage théorique et méthodologique déjà constitué. L'expérience de terrain est "fondatrice, très particulière à l'ethnologue, car

1- Voir le compte-rendu de mon projet de Thèse dans Meudec M., 2007 (sous presse), "Un autre regard sur la sorcellerie à Ste-Lucie. Obeah et anthropologie des moralités", in *Recherches Haïtiano-Antillaises*. Paris, L'Harmattan.

2- Meudec M., 2007 (sous presse), "Corps, violence et Politique en Haïti", in *Aspects Sociologiques*. Québec, Canada, Presses de l'Université Laval.

étant lui-même l'outil de sa recherche, il est modelé par elle"[3]. "Faire du terrain", l'expression consacrée du métier et de la discipline recouvre souvent son corollaire inséparable, "être fait par le terrain". L'enquête de terrain transforme, et elle est une aventure, parfois inattendue, qui nous fait au moins autant que nous le faisons.

Le thème du Kout Poud sert ici de porte d'entrée à la compréhension de plusieurs aspects de la vie quotidienne en Haïti. Il s'agit de rendre compte des représentations socioculturelles, localement situées, relatives à la maladie et à la guérison, en tant que révélatrices de l'ordre social et symbolique d'une société. Un premier thème développé renvoie au domaine d'étude particulier de l'Anthropologie de la santé. Il s'agit alors de s'intéresser à la situation sanitaire de ce pays, de rendre compte des représentations de la maladie, présentes au sein des classifications et étiologies, des logiques des itinéraires thérapeutiques, des conflits au sein du système médical en Haïti. Car en fait, cette dénomination concerne un ensemble de maladies, allant de l'asthme aux affections dermatologiques, et se base sur une classification définie de manière relationnelle, essentiellement en rapport aux circonstances d'apparition de la maladie. Le Kout Poud renvoie également à des pratiques thérapeutiques qui ont toutes en commun leur modèle étiologique basé sur l'origine de la maladie, à savoir son imputation à un acte de sorcellerie. Parce que ces représentations renvoient au système symbolique du vodou, je me suis intéressée aux aspects socio-culturels et religieux du Kout Poud, en traitant notamment des relations entre la religion et la culture, à la question du pluralisme religieux en Haïti, ainsi qu'au registre des représentations et pratiques de la magie et de la sorcellerie. Les discours des malades renvoyaient le plus souvent, quand il s'agissait d'expliquer les raisons de cet ensorcellement, à la problématique de la gestion des conflits. Qu'il s'agisse d'antagonismes reliés à la question de la propriété terrienne, aux relations amoureuses, à des problèmes financiers, l'utilisation du "coup de poudre" comme mode de résolution de conflits inter-individuels faisaient souvent l'unanimité dans l'explication de ces recours à la sorcellerie. C'est également dans cette perspective que sont interprétées les techniques locales de surveillance, et plus largement les réflexions sur la jalousie et la méfiance[4]. Cette perspective fonctionnaliste du recours au Kout Poud, laquelle explique l'existence de cette pratique par son usage social, une forme de justice privée comblant les lacunes du système judiciaire actuel, est questionnée en dernier lieu.

3- Lévy J.J., 2000, *Entretiens avec Jean BENOIST: Entre les corps et les dieux, itinéraires anthropologiques : 73*. Montréal, Liber Éditeur.

4- Voir notamment Bougerol C., 1997, *Une ethnographie des conflits aux Antilles. Jalousie, sorcellerie, commérages*, Paris, Presses Universitaires de France.

Prenant donc la maladie comme point de départ de l'étude, cette recherche débouche sur une problématique bien plus large que celle attendue au début. La maladie est un révélateur immédiat de l'ordre social et du regard que l'homme porte sur lui-même : les relations et itinéraires thérapeutiques, le système médical, les conceptions de la magie et religion, la question de la justice et de l'État sont autant d'entrées qui permettent d'apprécier l'objet d'étude. En ce sens, le *Kout Poud* peut être considéré comme un "fait social total" dans la mesure où son étude inclut des objets (les poudres), des acteurs (malades et thérapeutes), des représentations (de la médecine, de la religion, de la justice), des pratiques (itinéraires thérapeutiques et rituels de guérison) et des phénomènes socio-politiques plus larges.

Une mise en garde est toutefois utile car l'analyse qui est faite de la situation sanitaire et socio-politique du pays n'est pas à mettre en lien avec les représentations culturelles à l'œuvre dans ce pays. En effet, un lien de cause à effet pourrait être imaginé entre la faiblesse du système et l'existence de telles représentations de la maladie, mais cette interprétation est à éviter. Il s'agissait plutôt d'une volonté de dresser un bilan holistique de la situation, au sein d'une anthropologie culturelle de la santé.

Un principe de base de cette discipline consiste à se pencher sur la construction culturelle de la maladie, principalement en vue de se défaire de la conception biologisante propre à la démarche biomédicale. Car comprendre les représentations de la maladie peut permettre d'expliquer les logiques des itinéraires thérapeutiques, les stratégies de recherche de soins dans une situation de pluralisme médical. Cette perspective permet de contrecarrer, notamment au sein de l'anthropologie médicale appliquée, le paradigme de la "cruche vide" selon lequel les populations cibles, en l'occurrence les Haïtiens, sont perçues comme étant dénuées de connaissances en matière de santé[5]. Cette approche culturaliste contient des risques, dont la surdétermination culturelle qui pose la culture comme interprétation en dernière instance des conduites humaines. Or, les représentations culturelles, si importantes qu'elles soient dans la construction des itinéraires thérapeutiques en situation de pluralisme médical, ne sont pas les seuls éléments déterminants. En effet, les stratégies de recherche de soins sont gouvernées par des contraintes géographiques et économiques, impliquant de grandes disparités ville - campagne, riches - pauvres. Il convient alors de s'ouvrir à une anthropologie des savoirs populaires ou ordinaires plus encline aux explications morales, sociales, économiques, historiques et politiques,

5- Lire Fassin, 2001, "Le culturalisme pratique de la santé publique. Critique d'un sens commun" : 181-207, in Dozon J.P.et Fassin D. (dir.), *Critique de la santé publique. Une approche anthropologique*. Paris, Balland.

souvent écartées par le culturalisme. Ne parlons plus alors de "résistance culturelle", mais élargissons le regard aux domaines plus largement politiques et économiques.

Car la culture n'a finalement que peu à voir dans la production des inégalités et dans la distribution de la misère en Haïti, au pire elle fournit un alibi[6]. La notion de différence culturelle peut être vue comme une des nombreuses formes d'essentialisme, produisant une confusion entre une situation politico-économique et la dimension culturelle de l'altérité.

Le concept de violence structurelle[7] devient alors éclairant dans la mesure où il explique les inégalités face à la maladie et à la mort, et plus largement les disparités sociales en Haïti, en associant l'oppression politico-économique à un processus historique. Les forces macro-sociales, économiques et historiques sont incorporées par les individus sous la forme d'inégalités, de relations de domination incarnées dans les rapports sociaux. La violence faite sur les pauvres trouve ses fondements dans des forces historiques, souvent poussées par des questions d'ordre économique. La société haïtienne, un des pays "les plus pauvres du monde", reflète ce partage entre riches ayant accès aux soins de santé et pauvres n'ayant comme seule possibilité le recours à la médecine domestique ou familiale. De façon concrète, ces forces sociales contraignent les individus en restreignant leurs possibilités et leurs choix, et créent ce que Farmer appelle des "individus à risque". La culture ne doit donc plus être étudiée indépendamment des conditions de sa production et de sa reproduction. Il faut en effet se mettre à l'abri d'un amalgame entre violence structurelle et différence culturelle, confondant ainsi la pauvreté et les inégalités existant dans une société avec l'altérité.

Pour ce qui est de l'analyse du vodou et des pratiques magiques, une tendance lourde de l'anthropologie consiste à aborder ces domaines en recourant à une lecture fonctionnaliste. Il s'agit alors d'envisager l'existence et la persistance de ces pratiques et représentations au regard de la fonction qu'elles ont pour les individus vivant en société, notamment en l'interprétant comme une forme de justice ou de règlement de comptes. Toutefois, bien que cette lecture soit omniprésente dans les écrits sur la question, elle ne me satisfait guère. Mon projet de recherche actuel vise d'ailleurs à comprendre le recours à la sorcellerie en lien avec les moralités locales, avec les jugements moraux émanant des pairs. Car il me semble que si le choix existe en contexte de pluralisme médical ou religieux, il est également déterminé par une sorte de pression morale, et que les prises de décision se font parfois au regard des éthiques localement présentes.

6- Lire Farmer, 2003, *Pathologies of Power. Health, Human rights, and the new war on the poor.* Berkeley, California University Press.

7- Voir Farmer, 2004, " On suffering and structural violence: a view from below ", in Scheper-Hughes N. et Bourgois P., *Violence in War and Peace*: 281-289. Malden, Blackwell.

Pour ce qui est de l'orthographie des termes créoles, j'ai choisi de respecter l'écriture telle que développée par Valdman (1998, Ann pale kreyol, Bloomington, Creole Institute), et des termes couramment employés sont donc revisités. Par exemple, plutôt que d'écrire "vaudou" à la française ou "voodoo" à l'anglo-saxonne, ce terme sera écrit "vodou". De la même façon, "oungan" remplacera "houngan", "bòkò" au lieu de "bokor" et "lwa" à la place de "loa". Toutefois, les écrits des auteurs sont respectés et leurs citations retranscrites telles quelles (généralement vaudou, houngan, loa...). Bien que l'écriture choisie puisse déranger au début de la lecture, il me semble qu'il convient de se mettre en accord avec les règles actuelles de l'orthographie et de la grammaire du créole haïtien[8]. Pour une meilleure lecture, les termes créoles seront mis en italique tout au long du texte.

En ce qui concerne le terme "Haïtien", il sera mis au masculin, pour des raisons de facilité de lecture, et ce bien que l'écriture adoptée au Québec soit plutôt "HaïtienNE".

8- L'orthographie officielle est reconnue depuis 1979, et la langue créole est reconnue officiellement depuis 1987 (Article 5 de la Constitution Haïtienne).

Chapitre 1 :
Le *Kout Poud*, explication et représentation de la maladie

Situation sanitaire

Haïti, ce pays de la Caraïbe considéré comme le plus pauvre de l'hémisphère Nord, "connaît de tristes records" (Corten, 1998). Je ne m'étendrai pas ici à rendre compte de la situation de manière exhaustive, à partir d'indicateurs et de chiffres, mais il me paraît tout de même utile d'avancer quelques exemples : la moyenne de l'espérance de vie à la naissance est de 50 ans, et elle est en baisse de puis quelques années. La pauvreté affecte plus de 80% de la population haïtienne, dont les revenus par habitant sont les plus faibles de l'hémisphère (moins de 400 dollars US par an). Aborder le contexte haïtien quantitativement ne peut être satisfaisant dans la mesure où la question de la fiabilité des chiffres doit être posée vu que même le nombre d'habitants n'est pas sûr. Et si de tels indicateurs (espérance de vie, taux de mortalité infantile...) permettent de se faire une idée de la "gravité" de la situation en Haïti, on est en droit de douter de leur valeur explicative. Certes, Haïti est un pays où règne la pauvreté mais "pour apprécier l'état relatif de la pauvreté dans un pays comme celui-là, on ne peut finalement se fier qu'à des impressions subjectives, basées sur l'observation de la vie quotidienne" (Ans, 1987 : 215). Une compréhension de l'objet d'étude passe alors par l'approche qualitative, une vision émique de la question. Considérant que l'une des spécificités de la démarche anthropologique réside dans une méthodologie associant l'enquête de terrain et l'observation participante, il paraît pour le moins évident que des chiffres ne prouvent rien en eux-mêmes, car ils ne permettent pas de refléter les nuances sensibles entre pays pauvres.

Ce à quoi l'on est confronté en premier lorsque l'on débarque en Haïti, et ce avant même d'atterrir, c'est la nudité des mornes (collines) et la pauvreté de la couverture forestière révélées par le contraste avec la République dominicaine, contraste visible lorsque l'on survole la frontière. Dans son dernier livre, Wargny (2004 : 100), dressant un tableau plus que misérabiliste à mon sens de ce pays, explique que "tout néophyte venu en avion de l'Est vous le dira. Il suffit de se coller au hublot peu avant l'atterrissage à Port-au-Prince. Quand on survole Hispaniola, se déroule dans la montagne une ligne aux courbes désordonnées, mais quasi continue. Un trait vert-de-gris qui sépare deux couleurs. Vert oriental contre gris occidental". La visibilité de la situation écologique catastrophique est très grande. Concernant les raisons de ce désastre, nous pouvons certes mettre en avant des pratiques courantes de déforestation, telles que l'exploitation des troncs d'arbres à visée économique - essentiellement pour la production de charbon[9] -, à laquelle s'ajoute une absence de mesures environnementales à grande échelle. Mais ce qui se passe aujourd'hui ne fait qu'aggraver une situation existant depuis plusieurs siècles. En effet, avant d'être indépendante en 1804, Haïti était la colonie française la plus florissante, la "perle des Antilles". Durant cette période, "l'enrichissement des colons et l'appauvrissement de son territoire sont synonymes, ou en tout cas concomitants" (Ans, 1987:104), dimension qui a souvent été négligée, voire occultée. Si les productions Haïtiens de l'époque coloniale (café, canne à sucre) ont permis à un français sur huit de vivre, c'est bien au détriment de l'environnement haïtien. Le recours à l'Histoire est dans ce cas indispensable à la compréhension de la "non-nouveauté" de l'"écocide" haïtien (Wargny, 2004), et il est important de montrer que la préoccupation environnementale n'est pas seulement liée à un "raisonnement moderne, d'inspiration écologiste, que nous projetterions sur une réalité vieille de deux siècles, alors que de telles notions n'avaient peut-être pas encore cours". A cette époque déjà, des voix s'élevaient contre les pratiques de "destruction massive" liées à la colonisation. Menget[10] définissait l'environnement, au cours d'une intervention sur la propriété intellectuelle, comme ce qui reste de la forêt quand on l'a détruite, et dans ce cas précis, après le passage des blancs.

Cette large compréhension des phénomènes sociaux, à partir d'éléments écologiques et historiques importants, permet de prendre en compte les impacts réciproques entre l'écosystème et les structures et organisations sociales. L'environnement et les conditions physiques du milieu ambiant sont dépendants de facteurs historiques, et les conditions de vie en Haïti découlent directement des interactions antérieures entre l'histoire et l'environnement : outre le constat actuel de l'influence de

9- "Trente millions d'arbres sont coupés chaque année, trente ou trente mille replantés (...) Le charbon de bois est moins cher que la bouteille de gaz. Et plus accessible dans les zones reculées. Qui paiera plus cher la cuisson de l'igname pour anticiper l'Haïti du 22e siècle ? (...) 80% des trente millions d'arbres abattus en 2000 sont devenus petits morceaux de combustible ensachés. En 2003, il faut réviser l'hécatombe à la baisse. En 2005, toute couverture forestière aura disparu" (Wargny, 2004 :100-102). Le bois sert également en grande quantité aux nombreuses boulangeries à travers le pays.

10- Ethnologue et membre de Survival International, regroupement pour la défense des peuples autochtones

l'environnement sur les phénomènes sociaux, l'histoire montre les répercussions écologiques d'une situation sociale liée à la colonisation. Le contexte social a été déterminant dans la destruction de l'écosystème, et l'on assiste aujourd'hui aux effets et méfaits de la dégradation de l'environnement sur les conditions générales de vie des Haïtiens, en particulier au travers des conditions sanitaires et socio-économiques de la population. Les répercussions liées à la déforestation, provoquant d'une part une érosion empêchant la terre de retenir l'eau des pluies, créant des inondations et des torrents de boue (*Lavalas*) qui détruisent tout sur leur passage, sont de l'ordre de catastrophes naturelles. D'autre part, cela engendre une carence en eau potable[11], ce qui fait qu'aux conséquences directes - les décès suite aux inondations -, s'ajoutent des conséquences indirectes. L'absence d'eau potable provoque des maladies comme les fièvres entériques, la dysenterie, la typhoïde, des affections intestinales et la diarrhée. Ces différentes maladies sont responsables de plus de 33% du taux de mortalité infantile du pays[12]. Les conditions d'insalubrité, et notamment la "bidonvillisation", sont également à considérer comme facteurs de maladie, dans la mesure où 50% des logements n'ont aucun système de latrines. L'écologie humaine interroge cette question du rapport de l'homme à son environnement, indispensable à la compréhension de la prévalence[13] de certaines maladies. Il est en effet nécessaire de prendre en compte les facteurs de maladie dans leur ensemble, tant pour comprendre les disparités géographiques qu'économiques et sociales en matière de santé, que dans la volonté de protéger la santé d'une population. L'ampleur des dégâts est immense et ce n'est pas que l'absence de politiques en matière de santé qui est à mettre en cause dans l'origine de cette situation sanitaire catastrophique. Il s'agit en outre, lorsque ces politiques existent, de leur mauvaise répartition. La santé, en Haïti comme ailleurs, est une affaire d'État et l'on ne peut à mon sens occulter les effets d'un État défaillant en matière de politiques de santé publique sur la stabilisation voire la dégradation des conditions sanitaires de la population.

Haïti se caractérise par une absence des choses les plus élémentaires, par une grande pauvreté[14], une misère humaine, vision misérabiliste qui

11- " L'approvisionnement en eau potable n'est pas assuré, seulement 1.4% des maisons ont l'eau courante tandis que le reste de la population est obligé de s'approvisionner à des sources ou des rivières polluées, en même temps que les animaux, et à des rivières qui servent aussi bien à la consommation courante (alimentation, lessive, toilette) que de décharge publique " (Doura, 1995 :270). Seuls 40% des quelque 8 millions d'Haïtiens ont accès à une eau salubre, à la nourriture et à des soins de santé.

12- Chiffres donnés par le Plan annuel. Exercice fiscal 1983, tome 2, vol.2 : 378, cité par Kidder (2004).

13- C'est le rapport du nombre de cas d'une maladie à l'effectif d'une population donnée, sans distinction entre les cas nouveaux et les cas anciens.

14- " S'ils visitaient Haïti, la plupart des Américains en repartiraient avec de nouvelles définitions de la pauvreté. Dans la capitale, Port-au-Prince, les lendemains de pluie, on peut voir des hommes enlever les plaques d'égout et se pencher à l'intérieur pour remplir des seaux dans les canalisations remplies à ras bord.

prime généralement dans les médias. Une très grande majorité de la population n'a pas accès aux services de base alors qu'une minorité possède [1%] la moitié des richesses. L'écart entre les riches et les pauvres est immense et ces disparités économiques se ressentent d'autant plus que l'on se trouve dans les villes, comme Port-au-Prince, dont la population a considérablement augmenté ces dernières années.

Anthropologie d'une représentation de la maladie

Il s'agit ici d'entrer au sein des représentations de la maladie en Haïti, énoncées au travers du discours que l'individu tient sur le monde. Intéressée par la maladie, et à ses catégories nosologiques locales, je rencontrai pour la première fois le terme "*maladie Kout Poud*" dans un ouvrage du Colonel Delbeau (1990) consacré à la médecine traditionnelle en Haïti. La spécificité de la dénomination de cette maladie est de référer à son origine avérée ou supposée : le *Kout Poud* (que l'on peut traduire littéralement en français par "coup de poudre"). Ce classement ne figurant pas dans la Classification Internationale des Maladies, classement établi par la médecine occidentale, il revient à l'anthropologie de comprendre les représentations sous-jacentes à cette taxonomie populaire. Concernant les représentations populaires des maladies en Haïti, la principale distinction est celle qui renvoie à la dichotomie naturelle/surnaturelle, mettant en exergue les conceptions biologiques et symboliques de la maladie. Dans ce texte, il paraît utile de mettre à jour au préalable les représentations populaires du corps, lesquelles diffèrent en partie des représentations à l'oeuvre en Occident. Par populaires, j'entends ici les conceptions courantes de la santé ou de la maladie au sein de la population, lesquelles font référence à une vision dualiste du corps comprenant un "corps-machine" d'une part (Ans, 1987), faisant référence à l'aspect biologique du corps et de la maladie, et d'autre part à ce qu'il appelle le "corps-univers", le champ d'expression de forces immatérielles. Ces dimensions intéressent la question des représentations de la maladie, via l'imaginaire corporel et la dualité de l'âme[15], dans la mesure où elles induisent des pratiques

Ils se servent de cette eau pour gagner un peu d'argent en lavant des voitures et, parfois, quand le soleil tape, certains n'hésitent pas à s'en renverser un seau sur la tête. C'est très dangereux, car tout contact avec l'eau des égouts provoque des maladies de la peau, et une seule gorgée peut provoquer une dysenterie", voir l'article de Kidder, 2004.

15- "Les Haïtiens du peuple sont unanimes pour considérer que leur âme est double (...) Mais comment se conçoit la dualité de l'âme dans la culture populaire haïtienne ? Celle-ci se décompose en deux entités hétérogènes Gros-Bon-Ange, principe vital du corps, et Petit-Bon-Ange, qui agit comme un ange gardien. Les dénominations de ces deux "anges" montrent bien leur différence de nature, leur décalage dans leur degré de spiritualité : l'un est lourdaud, se situe aux confins de la matérialité ; il est ésotériquement associé à l'humide et au froid : c'est le Gros-Bon-Ange, qui adhère pesamment au corps, qu'il ne quittera qu'au moment de la mort. Quant au Petit-Bon-Ange, il est sec et léger, il a le caractère volatil du "chaud" et en particulier de ce "chaud" par excellence que représentent la transe et la possession par les "lois" de l'univers, dont le Petit-Bon-Ange est d'ailleurs proche par nature" (Ans, 1987 : 285-286).

spécifiques sur le plan sanitaire et religieux. L'origine de la conception populaire du corps est à chercher dans la recomposition d'éléments de l'anatomie issus de la médecine européenne des XVIIème et XVIIIème siècles (Ans, 1987).

Définir la maladie ne se fait pas toujours en référence à l'étiologie et il est en effet fréquent d'entendre des dénominations symptomatologiques, dans le cas de la fièvre par exemple, laquelle est perçue non comme l'effet de maladies infectieuses mais comme une maladie en tant que telle. *Lafièv* est une catégorie nosologique à part entière. De manière générale, l'établissement du diagnostic, préalable nécessaire à la connaissance de la maladie, et donc à la thérapie appropriée, s'effectue par le symptôme. Ainsi, pour de nombreuses maladies, tout à chacun possède ce que l'on pourrait appeler une connaissance populaire de la maladie ou de l'infortune construite de manière concrète et empirique. Par la définition symptomatique de la maladie, la médecine traditionnelle haïtienne se distingue de la médecine occidentale, celle-ci étant au contraire caractérisée par un diagnostic établi sur le signe, conçu comme élément sémiologique fondamental. Pour Tremblay (1995), le signe n'existe pas dans la "médecine créole" et l'usage du symptôme apparent pour nommer ce qui se passe au niveau de la maladie permet à cette médecine de formuler une étiologie pour ces changements de nature. Le signe rendrait le diagnostic plus précis, en donnant la possibilité d'un rapport positif à la maladie permettant l'affinement d'un regard critique (Tremblay, 1995). Pour transformer le symptôme en signe il faut l'intervention de la conscience : "Le symptôme devient donc signe sous un regard sensible à la différence, à la simultanéité ou à la succession, et la fréquence" (Foucault, 1966 : 93). L'empirisme de la maladie, à savoir la définition de la maladie par le symptôme, s'articule à l'autre mode de fonctionnement de l'épistémè médicale créole : une logique symbolique qui induit des causes à la maladie[16]. Généralement, la forme de l'utilisation du symptôme pour nommer ce qui se passe dans la maladie, et par là l'absence de l'explication par le signe, permet non seulement de donner une primauté à une causalité externe mais rend possible également la subjectivation de la maladie. Cette catégorie de maladie, le *Kout Poud*, n'est pas définie par les symptômes, alors que c'est de cette manière que la maladie est généralement expliquée par la population. Lorsque l'on parle de la maladie *Kout Poud*, on fait appel à la construction d'une nosologie basée sur l'étiologie. Expliquer la maladie, c'est trouver la cause.

16- " Inférer une cause veut dire admettre une proposition en rapport à d'autres propositions déjà admises comme véridiques (...) Dieu, les saints, les loas, les esprits malfaisants, le diable sont inférés comme causes des maladies et des guérisons selon les effets (...) Dans l'ordre de la logique symbolique les résultats du diagnostic, de l'étiologie et du traitement font appel à la véracité ou à la tromperie " (Tremblay, 1995 : 243).

Étiologies et classification de la maladie

S'intéresser aux dénominations des maladies amène au constat d'une non-concordance entre les taxonomies populaires des maladies et les classifications internationales établies par la biomédecine. C'est à l'Anthropologie de la santé qu'il revient de chercher à comprendre "les logiques qui sous-tendent les procédures de nosologie, de diagnostic, d'étiologie et de traitement des maladies" (Tremblay, 1995 : 240). Des études de ce type, autour des classifications populaires de la maladie, remettent en cause, ou en tout cas questionnent, l'universalisme des catégories nosologiques. Elle doivent donc se démarquer du paradigme biomédical, prenant du recul avec les catégories pré-construites par la médecine occidentale, lorsqu'elles pénètrent dans une société par l'entrée de la maladie ou de l'infortune. Car la définition de la maladie fait sens dans un contexte donné et on ne peut occulter le lien existant entre la dimension empirique des maladies de la part des individus, c'est-à-dire les pratiques reliées à ces maladies et leur vécu par les acteurs, et ses aspects symboliques, à savoir toutes les logiques et conceptions sociales plus générales. Toute maladie, le fait étant généralement admis que son origine puisse relever d'un dérèglement d'ordre biologique, est investie de sens par l'individu ou le groupe, sens qui émane de la vision du monde propre à ce groupe. Et c'est à ce sens que l'anthropologie de la maladie s'intéresse. Mais, sans tendre vers un relativisme absolu admettant que la maladie et sa définition locale n'ont de sens que dans un contexte particulier, il paraît tout de même important de signaler que l'anthropologie, lorsqu'elle s'inscrit dans le champ de la santé, part du principe selon lequel les problèmes de santé doivent être lus au regard des représentations et des conceptions du monde qui prévalent dans une culture donnée. Et "c'est en replaçant ces problèmes dans ce vaste ensemble que leur sens surgit en tant que producteur du réel" (Tremblay, 1995 : 25). Car la maladie est révélatrice de l'interaction entre deux dimensions, que l'on croyait jusqu'à une certaine époque séparées par une barrière infranchissable, le social et le biologique. "La maladie est, à la fois un vécu social, une interprétation individuelle édifiée à partir de la culture, et une réalité naturelle" (Lévy, 2000:43).

La **maladie** est donc à concevoir comme **fait social et biologique**, dans le sens où une altération biologique du corps peut être expliquée par une instance surnaturelle, notamment pour ce qui concerne les conditions de son apparition. Et l'anthropologie médicale distingue trois aspects de la maladie, théorisés par une modélisation culturelle de la maladie en une triple réalité - biologique, culturelle et sociale -, que l'on définit par les trois termes suivants : "*disease*" ou l'altération biologique du corps, "*illness*" la maladie émique, c'est-à-dire ressentie par les personnes, le vécu subjectif et "*sickness*" qui renvoie à la réalité socio-culturelle de la maladie, aux rôles sociaux. La maladie "*Kout Poud*" est un phénomène biologique : c'est parce que l'individu est malade qu'il va se mettre en quête de guérison, et c'est d'ailleurs au cours de l'itinéraire thérapeutique que la maladie sera définie comme telle. Elle est ensuite une explication individuelle de la maladie, interprétée de façon personnelle par le malade. Elle renvoie enfin à un phénomène social car elle est à l'origine d'un processus thérapeutique particulier, qui prend sens dans des représentations collectives relevant notamment de la religion vodou. La maladie *Kout Poud* constitue une illustration de ces interactions, dans la mesure où elle permet d'expliquer une ou plusieurs maladies qui ont une réalité biologique, tout en faisant appel à un système symbolique, pour une large part issu du religieux. Autrement dit, elle peut être étudiée par l'anthropologie en tenant compte de l'usage social que l'on en fait pour comprendre les problèmes humains qui en résultent. Comme le dit Tremblay (1995 :236), "les conceptions et les pratiques locales liées à la maladie sont inséparables d'une logique symbolique immanente aux relations sociales". Dans le cas du *Kout Poud* en effet, il existe un enchevêtrement du social et du biologique[17], car si la maladie existe, biologiquement parlant, l'agent vecteur de la maladie (ce que j'aborderai plus loin, la poudre) n'est pas uniquement de l'ordre du symbolique. La poudre utilisée est une réalité concrète qui a des effets biologiques sur le corps humain : "*Se yon bagay ki biofizik, ki gen aksyon biolojik, efè fizik*"[18]. Et elle se différencie en ce sens d'autres maladies dont l'origine peut être par exemple l'"envoi d'un mort" (la maladie *voye mò*). Les deux parties du corps, corps-machine et corps-univers, sont sollicitées, et ne s'attacher qu'au corps biologique, comme peut le faire la biomédecine, ne peut être suffisant ni dans l'explication de la maladie ni dans son traitement, au regard de la logique des conceptions populaires. Ce qui nécessite de l'aborder tant dans ses dimensions biologiques, sociales et même culturelles.

Lorsque l'on s'intéresse à la conception "traditionnelle" de la maladie en Haïti, on doit se pencher sur la dimension symbolique, révélée dans le recours à une explication de l'infortune par une **causalité surnaturelle**. Pour ce qui est de la "maladie *Kout Poud*", elle est définie par sa cause,

17- La notion d'enchevêtrement met en avant la complexité du phénomène, qui n'est pas forcément réductible à deux extrémités biologique et sociale. Ce phénomène du *Kout Poud* ne se situe pas à l'extrême symbolique, mais plus proche du centre, et donc du biologique. Il serait plutôt caractéristique d'une zone intermédiaire dans un continuum, où biologique et symbolique sont intimement liés, où les référents interagissent de façon simultanée dans un "entre-deux bio-sociologique".

18- " C'est une affaire biophysique, qui a une action biologique, un effet physique ", dixit un professeur au cours d'un entretien.

c'est-à-dire par son étiologie, ce qui constitue un phénomène courant, en Haïti comme ailleurs (Zempléni, 1985). En effet, lorsqu'un individu est malade, il recherche l'origine de l'apparition de cette maladie, demandant non seulement l'accès à un traitement, mais également une explication à la maladie. Le recours à la causalité renvoie le plus souvent à un "en-dehors" de la maladie, à une extériorité qui pourra être sociale ou cosmique, accidentelle ou intentionnelle et qui débordera nécessairement de la dimension individuelle (Ans, 1987). La maladie ou le malheur sont alors conçus comme étant la conséquence des actes volontaires d'une tierce personne malintentionnée. L'imputation de la cause de la maladie ou du désordre se réalise selon ce que Zempléni (1982 : 9) nomme un "modèle projectif-persécutif". Et les maladies sont alors appelées en conséquence : maladies envoyées, maladies persécution... Ces représentations culturelles associées aux causes de l'infortune se retrouvent dans la plupart des sociétés de l'aire Caraïbe et de l'Amérique Latine. Cependant, on ne peut aborder la maladie qu'en termes de causalité invisible, de magie, sous peine de tendre vers "l'occultation des causes naturelles de la maladie" (Creusat, 2000:229) La définition de la maladie à partir de son étiologie illustre la constante recherche de sens, engendrant plutôt un trop de sens qu'un vide (Tremblay, 1995). La maladie n'est que rarement inexpliquée, et les atteintes au corps biologique seront sujettes à interprétation. La maladie "*Kout Poud*" n'échappe pas à ce phénomène. Cette quête de sens et cette "réflexion interprétative de la causalité" (Kalis, 1997 : 17) sont conçues sous la forme d'une démarche holistique, où l'organique ne prend sens que relié au social. Elle peut être définie de façon négative - elle n'est pas une maladie symptomatique - elle se construit sur la base d'une étiologie recourant à une causalité extérieure. Relevant d'une étroite relation entre le biologique et le social, la définition d'une telle maladie est "relationnelle" car elle induit un concours de circonstances nécessaires à son établissement.

Quelle est la part du surnaturel dans l'interprétation du malheur et de l'infortune ? La représentation de la maladie en Haïti s'inscrit dans des systèmes symboliques plus larges, auxquels on fait appel dans la recherche d'un traitement en situation d'infortune. Les gens y expriment la nécessité d'expliquer les occurrences quotidiennes, le malheur ordinaire (Favret-Saada, 1977). "La mort ici ne peut pas être naturelle, biologique, c'est soit un meurtre, soit un esprit, soit un *lwa*, quelque chose de surnaturel", ai-je souvent entendu au cours de l'enquête. Le recours à une causalité extérieure est fréquent et on constate qu'en Haïti, la maladie ou l'infortune est rarement expliquée en termes de "faute" individuelle. On assiste à une sorte de "déresponsabilisation"[19] de l'individu concernant le sort "qui lui est fait", à un renvoi à une causalité extérieure, laquelle est parfois personnifiée et renvoie alors à un individu jugé responsable du mal. La maladie peut ainsi être identifiée à un ennemi, à un étranger ou à un ami. Giafferi (2003 : 119) propose une interprétation : "Nul ne se croyant vraiment né pour la vie qu'il mène et considérant la situation qui lui est faite comme une injustice personnelle, on s'empresse d'en désigner des responsables (famille, époux, amis, employeur)". La responsabilité est souvent partagée et ne serait jamais totalement attribuée à l'individu, aux esprits ou à Dieu[20]. Mais l'interprétation proprement religieuse de la maladie se caractérise-t-elle suivant les deux variantes proposées par Laplantine (1986 :361), à savoir d'une part la "maladie-malédiction" qui fait référence à une vengeance gratuite, un accident, ou le hasard, la fatalité - le malade vit alors le malheur comme un scandale ou une injustice; et d'autre part, la "maladie-punition" alors perçue comme la conséquence nécessaire de ce que l'individu ou le groupe social a lui-même provoqué, qui rend le malade puni d'une négligence ou d'un excès, s'agissant toujours d'un comportement d'inconduite, d'une faute qui concerne l'ordre social ? La maladie est-elle la conséquence d'une transgression collective, nécessitant alors réparation, ou bien est-elle la conséquence d'un pêché collectif et individuel, autrement dit un châtiment mérité, entraînant ainsi une certaine culpabilité ?

La classification de la maladie en Haïti est liée à l'étiologie, c'est-à-dire à la cause que l'on a attribuée à cette maladie, produisant une **catégorisation** des maladies sur une base dichotomique **naturelle/surnaturelle**. Si la maladie est banale, bénigne, elle est considérée comme une maladie du Bon Dieu. Notons dès à présent que la vision haïtienne du monde du Bon Dieu est spécifique, différente de la conception française par exemple. La conception que l'on se fait de la Nature est exprimée par cette référence au Bon Dieu, en opposition au surnaturel ou "supra-humain". La maladie "naturelle", maladie *Bon Dye* ou "maladie pays" est celle qui va de soi, qui est "envoyée"[21] par le Bon Dieu, et la distinguer d'avec celle qui est surnaturelle n'est pas chose aisée. Métraux (1953) montre à ce sujet comment la classification peut être

19- Pour Ans (1987 : 285-286), cette déresponsabilisation peut s'expliquer par la conception duale de l'âme humaine : "la religiosité populaire haïtienne, en faisant éclater l'unicité de l'âme et en multipliant les instances cosmologiques intermédiaires entre le Créateur et l'homme, dissout la responsabilité de l'individu dans la recherche purement formelle de stratégies qui tiennent compte à la fois des caprices relativement imprévisibles des forces de l'univers et des exigences théoriquement immuables du lignage".

20- "Il en résulte que quand ils viennent retentir dans le monde sensible, les démêlés de ces légions d'immatériels n'engagent directement la responsabilité ni de Dieu ni des hommes. En effet, le Premier ne s'y trouve impliqué qu'en toute dernière instance, en tant qu'Auteur de toutes choses. Quant aux hommes, certes capables jusqu'à un certain point de connaissance et d'action autonomes, leur responsabilité reste pourtant très limitée, dans le mesure même où il s'avère que leur pouvoir d'intervention auprès des forces qui régissent l'univers, demeure toujours très aléatoire" (Ans, 1987 : 286).

21- La notion d'envoi ou de renvoi est fréquemment employée.

arbitraire et qu'entre ces deux groupes, une marge est laissée à l'interprétation individuelle, une maladie pouvant être, selon le contexte, attribuée à Dieu ou au diable, à un sorcier. "Une fièvre chronique ou un cas d'éléphantiasis (*gwo pye*) peuvent être, au même titre qu'une fièvre subite et mortelle ou une forte colique, la manifestation d'un acte de sorcellerie ou de punition divine" (Métraux, 1953 : 29-30). Dans ses travaux auprès des Haïtiens de Montréal, Massé (1995) met en avant deux registres de maladie, l'une de courte durée, appelée *maladi peyi*, dont les causes sont dites naturelles et le recours aux soins s'oriente généralement vers la médecine moderne, et l'autre, *maladi lwa* ou *maladi dyab*, plus grave, dont les causes sont "surnaturelles" et le traitement effectué par un *oungan*. Il existe des oscillations possibles d'un registre à l'autre chez les malades, et nous allons voir que ce modèle admet quelques nuances. L'étiologie de la maladie témoigne donc d'une construction culturelle fortement contextualisée et les classifications ne sont pas élaborées dans le cadre de définitions péremptoires. Pour Tremblay (1995), les catégories "naturelles" et maladies *Bon Dye* ne se rejoignent pas, et la première, qu'elle qualifie de "mécaniste", renvoie à une thérapeutique spécifique issue de la société communautaire créole, c'est-à-dire la médecine familiale, alors que la deuxième serait la spécialité du docteur de la médecine moderne. Ces assertions montrent le rapport étroit entre définition de la maladie et choix du recours thérapeutique. Les maladies naturelles peuvent être soignées par la médecine moderne ou la médecine créole selon l'interprétation et le choix des stratégies de guérison de la famille. Pour ce qui a trait à la maladie du Bon Dieu, les mères de famille l'associent au chemin de la médecine moderne, la maladie du diable renvoyant au chemin de la médecine créole qui s'exerce dans le *lakou* ou chez le *oungan*. Ces deux derniers recours thérapeutiques sont d'ailleurs intimement liés au mode de fonctionnement des relations de pouvoir dans la société (Tremblay, 1995). On peut noter que la relation dialectique qui existe entre maladie naturelle et surnaturelle semble se fonder sur l'explication causale, relativement à une certaine temporalité. Entre les deux types de causalité - naturelle et surnaturelle -, Ans (1987 :284) montre qu'il existe un ordre de préséance : "l'instance surnaturelle, lorsqu'elle intervient, précède l'action naturelle qui, en revanche, peut théoriquement s'exercer seule, sans nulle implication du surnaturel (dans le cas des maladies qui trouvent leur origine dans une simple imprudence de la victime)".

A ces maladies naturelles *Bon Dye* seraient ainsi "opposées" les maladies surnaturelles, c'est-à-dire celles qui sont, selon Métraux, des "maladies poison" ou des "châtiments" dont l'origine est surnaturelle. Il s'agirait de maladies qui n'auraient pas de thérapeutique appropriée, ou en tout cas, dont l'efficacité serait plus que "douteuse" (Dorsainvil, 1931). Expliquer la maladie ou le malheur par l'existence d'une "force" surnaturelle extérieure à l'individu n'est pas spécifique à Haïti, même si le nombre de cas attribués aux maladies surnaturelles y semble important. Et cette référence à une origine extérieure dans l'explication de la maladie pourrait s'expliquer selon certains par l'influence d'une "pensée magico-religieuse", pensée très répandue dans diverses régions du monde[22]. Ce que, dans une perspective évolutionniste, l'on qualifierait de "superstitions" constitue la référence quasi-première (la maladie n'étant toutefois pas la seule occasion au cours de laquelle on fait appel au surnaturel). On peut ainsi dire qu'il existe dans ce pays une tradition populaire qui donne une interprétation magico-religieuse à la maladie en général (Bernard et Désormeaux, 1996). Et c'est là que réside l'importance de l'approche symbolique dans la définition de la maladie et de ses causes. En effet, les causes de la maladie sont rarement du domaine du biologique, et peuvent être imputables le plus souvent à l'action néfaste de l'Autre, et "c'est sur le fond de cette scène qu'entre en jeu le diable ou le destin mettant alors en scène Dieu (...) Dans l'une ou l'autre de ces mises en scène, la personne et le groupe disparaissent sous le poids de ces absolus" (Tremblay, 1995:151). Et si l'individu disparaît sous le poids de la famille, celle-ci s'efface à son tour devant le surnaturel, au profit de la supériorité du symbolique. Dans son ouvrage, Barthélémy (2000 : 186) avance quatre origines surnaturelles possibles :

1. La maladie *lwa* touche les maladies provoquées par les divinités du vodou (par exemple *Marassa*, représentant les jumeaux dans le Panthéon vodou). L'origine de cette maladie est liée à un non-respect de la règle inhérente à l'échange symbolique[23], à savoir l'obligation de réciprocité qui existe entre les individus et les divinités du vodou. Ces relations sont en effet à saisir en terme de don/contre-don (donner - recevoir - rendre), d'une relation d'échange nécessaire et réciproque. Qui ne respecte pas les règles de l'échange se voit puni par la divinité elle-même.
2. La maladie *voye mò* dont l'origine est à chercher dans les effets du ressentiment d'un défunt suite à un manquement grave dans les devoirs dus aux morts. Cette maladie est également la conséquence du non-respect d'une

22- Je ferai référence à une citation de Kapuscinski Ryszard, 2000, Ébène, aventures africaines, Paris, Plon: 214 : "Les Ambas [d'Ouganda] et leurs frères croient fermement que le monde est gouverné par des forces surnaturelles, mais néanmoins concrètes. Ces esprits portent des noms, jettent des sorts. Ce sont eux qui donnent aux évènements leurs cours et leurs sorts, qui déterminent notre destin, qui décident de tout. Par conséquent, il n'y a rien de fortuit dans notre destin, le hasard n'existe pas".

23- Tremblay, 1995 : 125 : "On attribue les causes d'une maladie loa aux manquements d'une personne à ses devoirs envers ceux-ci : ne pas donner à manger à ses loas, ne pas accomplir certains rites (...) Les vaudouisants connaissent très bien les règles de l'échange symbolique".

règle de réciprocité, mais cette fois avec les défunts. La maladie est la concrétisation de la colère d'un mort auquel on n'a pas rendu les devoirs nécessaires à son repos.

3. La maladie due à l'intervention occasionnelle d'une force maléfique incarnée par exemple par un "loup garou".

4. Et la maladie *dyab* qui correspond à une attaque magique émanant d'un sorcier, à un ensorcellement (le *maldyòk* par exemple).

Cette dernière étiologie touche au sujet de notre étude - le *Kout Poud*, à savoir l'imputation de la cause de la maladie à un acte de sorcellerie. Il s'agit précisément d'une attaque magique due, non pas à une intervention arbitraire de Satan lui-même, mais à la malveillance d'un autre membre du groupe, en général un proche, qui a eu recours au service d'un sorcier *bòkò*[24] pour jeter un sort. Il s'agit de l'action volontaire d'un personnage qui vous poursuit de sa haine. Cet acte magique, autrement appelé ensorcellement, renvoie à un ensemble de pratiques rituelles (divination, prières, rêves) effectuées par un sorcier et dans lesquelles intervient parfois la "poudre". Dans un article sur la *Flore d'Haïti et la science magique des sorciers*, Kerbeau (1959) conclut que nous aurions "hérité de l'Afrique la croyance que toute maladie est considérée comme un ensorcellement". On doit donc prendre en compte l'importance de la sorcellerie comme cause d'infortune, comme atteinte à la vitalité physique ou sociale d'un individu. Un exemple de maladie surnaturelle dont l'origine est un ensorcellement est le *maldyòk*. Considéré comme le "mauvais œil", cette affection, dont les symptômes sont la malnutrition, une apathie, des œdèmes, la diarrhée ou une cachexie (marasme), atteint l'enfant suite à l'envoi d'un mauvais sort ou à un excès d'affection[25] de la part des parents (Weniger, 1985). Cette affection de type médico-magique, dont la cause peut être la présence d'un mauvais esprit à l'intérieur de l'enfant se manifeste comme une boule de vent (gaz) qui se déplace à travers le corps de l'enfant. D'après Clérismé (1981), les médicaments (par exemple *lese m'atò, fò m'komande'w, kanpe lwen*) utilisés pour son traitement, à savoir des poudres pour la plupart, sont achetés en pharmacie. Ce type d'affection renvoie de manière évidente à la question de l'efficacité. Des recherches s'appuyant seulement sur une étude pharmacologique des plantes et médicaments en jeu dans ce traitement seraient insuffisantes à une compréhension englobant tous les aspects du traitement. Une seule recherche de l'efficacité biologique est insuffisante à l'explication des maladies *Kout Poud*[26].

24- La question de la distinction entre le *oungan* et le *bòkò* sera approfondie plus avant.

25- Ne sommes-nous pas plus enclins à imaginer, de manière paradoxale, que ce genre de maladie serait plutôt, dans d'autres sociétés, la cause d'un manque d'affection ?

26- Comme le dit Hurbon (1988 : 291), "ce n'est pas là jeter le soupçon sur toute étude pharmacologique des pratiques de magie et de sorcellerie vodou, mais préciser que ses résultats ne peuvent que laisser intact

I- Le Kout Poud, explication et représentation de la maladie

Bien que la perspective anthropologique de l'étude des maladies ne se cantonne pas à l'étude de la notion de croyance, il paraît tout de même nécessaire d'insérer un questionnement à ce propos dans la recherche. Dans un livre écrit en créole, le médecin Werner (1991 : 4) croit bon rappeler le lien qui existe en la croyance en la maladie et la maladie elle-même : "*Anpil bagay ka fè nou mal sèlman paske nou kwè y'ap fè nou mal*"[27]. S'il est difficile de chercher à vérifier de manière scientifique ce genre de propos, il demeure indispensable de prendre en considération le contexte. À l'instar de Taverne (1997) et de son étude dans le champ de la médecine créole en Guyane, il me parait essentiel d'étudier la maladie *Kout Poud* en prenant en compte le fait que la dimension magico-religieuse est essentielle, et elle ne doit pas être occultée sous peine de donner l'impression que les thérapeutes créoles sont des herboristes "laïques". Car la médecine créole intervient dans un univers foncièrement religieux où la maladie n'est qu'une des formes du combat entre le Bien/Dieu et le Mal/Satan. Dans cette perspective, la croyance en la maladie fait la maladie, ou en tout cas elle conçoit la possibilité, parmi d'autres, de rendre malade (*kwayans ki **ka** fè moùn malad* - la croyance peut rendre les gens malades). Je me suis rendue compte que, parmi les personnes rencontrées, nombreuses sont celles qui me montraient l'intérêt de questionner le *Kout Poud*, et ce dans le but de démystifier certains aspects de la vie quotidienne en Haïti. Le plus souvent, cette première opinion se voyait surenchérie par une anecdote "croustillante" qui rendait la maladie, et son origine surnaturelle, pour le moins effective et réelle. Il s'agit de ceux qui, dans le cas du *Kout Poud*, ont vu de leurs yeux un proche perdre une jambe ou garder une maladie de peau pendant longtemps, et l'ont attribué, à l'instar de la personne affectée, à l'envoi d'une poudre. A la croyance individuelle s'ajoute une croyance collective.

Kout Poud pou tout kalite maladi

Cette partie va tâcher de montrer que la maladie *Kout Poud* n'est pas une entité construite de manière définitive. Au même titre que de nombreux autres concepts, cette classification est contextualisée et en donner une définition essentialisée est impossible. Je vais donc rendre compte de quelques maladies, dont l'origine supposée ou avérée est un *Kout Poud*, afin de mettre en avant quelques critères de définition de ces maladies. Car ce n'est pas la maladie en elle-même qui autorise la définition *Kout Poud*, mais bien les circonstances d'apparition de la maladie.

le problème de l'efficacité symbolique ". Cette question est traitée dans un article célèbre de Lévi-Strauss (1958).

27- "Beaucoup de choses nous font mal seulement parce que nous les croyons capables de nous faire mal". Cela pourrait également être mis en parallèle au concept de " prophétie auto-réalisatrice " (self-fulfulling prophecy) mis en avant par Merton R.K. (1949).

Tout d'abord parlons de *las*, c'est-à-dire l'asthme. Cette maladie est très fréquente dans le pays et deux causes lui sont attribuées, soit un agent extérieur (pollen, poussière, odeur d'animal) soit les retombées d'une maladie mal traitée (une pneumonie ou un *kout lè*, un coup de l'air). Les symptômes sont : suffocation intense, expectoration abondante, visage congestionné, veines du cou gonflées, crachats un peu grisâtres. Le malade a constamment soif . Généralement, l'asthme, (ou *opresyon*) n'est pas renvoyé à un ensorcellement. Il ne l'est que lorsque la maladie dure et qu'elle se manifeste par des crises soudaines, étant entendu que ces deux critères ne suffisent pas non plus à l'interpréter de la sorte. Dans le cas de l'intervention d'un agent extérieur composé de poudre, l'important dans le traitement sera de trouver un *oungan* qui connaisse l'antidote de cette poudre magique. Mais en attendant, une prescription "d'urgence" sera exécutée. Cet exemple illustre bien l'importance des circonstances attribuées à l'apparition de la maladie, et il peut s'étendre au cas de nombreuses maladies dermatologiques, lesquelles également expliquées de cette manière, telles que l'eczéma, la gale, le *lota* (décoloration de la peau), les *baka* et *java* qui sont des plaies et des ulcères, ainsi que les boutons au visage. Dans ce dernier cas, il s'agit d'une maladie due à l'action de certaines substances toxiques sur le visage.

Ensuite, et c'est le cas "classique" de la maladie *Kout Poud*, si tant est qu'il puisse exister un cas classique, nous allons approfondir la maladie *gwo pye*, c'est-à-dire l'éléphantiasis des membres inférieurs. Cette maladie est considérée comme une affection qui ne peut être soignée par la médecine officielle c'est-à-dire que les causes et traitements ressortent de la magie et donc de la médecine populaire. Une personne qui réussit bien dans ses affaires [réussite professionnelle] est jalousée par ses amis, ses voisins alors on lui donne "gros pieds", ce qui constituera un handicap physique permanent pour la victime, car le pied est gonflé d'une manière exagérée et inquiétante. On attrape cette maladie soit par *Kout Poud* soit par imprudence, c'est-à-dire le fait de piétiner sans faire attention, au détour d'un sentier, un *kwi*[28]. Pour guérir cette maladie, on passe de *oumfò en oumfò* pour connaître l'origine de la maladie; et on appelle au secours de la personne frappée les *lwa* bienfaiteurs à l'aide de prières. En ce sens, on peut dire que la médecine populaire ne peut être réduite à ses seules prescriptions matérielles, et il serait en effet plus juste de reconnaître qu'elle est également une médecine par la prière.

Ce qui ressort de la première lecture, c'est que le *Kout Poud* est une explication de la maladie en général, c'est-à-dire qu'il existe plusieurs types de maladies[29], symptômes auxquels on attribue ce terme; comme j'ai

28- Delbeau (1990) le décrit comme un récipient, marqué d'une croix faite avec de l'indigo et rempli de grains de maïs grillé, cassave (*Manihot esculenta*), bonbons, menue monnaie, et d'autres expédients, destinés à *mèt kalfû* (maître du carrefour = Legba).

pu le constater par moi-même, le *Kout Poud* renvoie à *tout kalite maladi*, l'appellation est la caractéristique d'une étiologie unique, et ce dans le cas de diverses maladies. Pour un de mes informateurs, les symptômes peuvent être aussi variés que la mort, la folie, la cécité, voire le bégaiement. Un *oungan* me dira également qu'"envoyer de la poudre" peut avoir tous les effets possibles : *moùn fou, moùn ki genyen bouton, moùn ki genyen kò mol...* (La folie, les boutons, le corps "mou"). En ce sens, la maladie "*Kout Poud*" n'est ni uniforme ni univoque, elle peut en effet désigner plusieurs maladies tels que la gale, l'asthme, des maladies de peau, l'éléphantiasis. L'on est alors en droit de se demander comment s'élabore cette définition de la maladie ?

Critères d'attribution

Bien que "le paysan haïtien [soit] enclin à attribuer une cause surnaturelle aux maladies qui le frappent", ce sont seulement ax maladies qui possèdent un caractère "insolite" que l'on attribue la dénomination "Kout Poud". Par ce terme, nous pouvons entendre quelques critères énoncés de façon récurrente dans l'énonciation de l'apparition de la maladie, qui sont donc significatifs car ils confèrent à la maladie un caractère particulier :

- La soudaineté de l'attaque, lorsqu'elle est survenue de façon subite (dans le cas de l'asthme par exemple, où les attaques sont fréquentes essentiellement la nuit).
- Le caractère exagéré, démesuré de la maladie et de ses symptômes, qui se propagent plus qu'ils ne le devraient.
- La durée[30], aspect hautement significatif car souvent énoncé. En effet, une maladie survenue brutalement et qui de surcroît se prolonge si longtemps, une "*vye maladi*", devient chronique, et elle se verra investie de manière relativement évidente d'une causalité surnaturelle, et plus

29- Le Kout Poud peut également être l'origine d'une maladie de plus en plus présente en Haïti : le Sida. Bernard et Désormeaux (1996 : 96) : "Un houngan interrogé distingue deux types de Sida : le naturel et le surnaturel. Si quelqu'un veut se débarrasser d'un ennemi au moyen du Sida, il se rend chez un envoûteur auquel il fait sa demande. Celui-ci part en quête de la tête d'un cadavre fraîchement enterré, qui de son vivant a été atteint du Sida. Avec les os du crâne, il prépare une poudre qui sert à empoisonner la nourriture de l'ennemi (...) Selon ce houngan, certains envoûteurs ont cette poudre déjà préparée qu'ils vendent rapidement à tout demandeur. On peut traiter ce genre de Sida par un guérisseur qui arrête la diarrhée puis sollicite la permission et la protection des esprits vaudous pour achever la guérison. Il recommande enfin au patient d'aller à l'hôpital pour compléter le traitement traditionnel".
Giafferi (2003 : 114) parle également du sida, "qui ravage à présent les plus jeunes et notamment les filles, partenaires d'hommes plus âgés qui les recherchent précisément en raison de leur entrée plus récente dans un circuit sexuel de plus en plus morbide, n'est que rarement abordé comme tel : on évoquera une "jalousie", l'"envoi de morts", ou une "mauvaise vie" mystique, c'est-à-dire le détournement répété des forces obscures à des fins personnelles".

30- Delbeau J.C, 1990 : "Lorsque les démangeaisons s'étendent sur tout le corps et deviennent chroniques, le milieu attribue la gale à un kout poud".

particulièrement d'un ensorcellement lié à une "poudre". "*Gen fièv Bon Dye, gen lòt fièv : si se yon fièv ki pa janm tonbe, se yon maladi fòse (...) Si maladi a gen tan pou antre nan viann li, si l'gen tan manje viann li, si l'gen tan voye kò deyò, li pli difisil, se yon vye maladi*"[31]. D'après cette explication de la *divinès*, une maladie est mauvaise car elle est "entrée dans la viande du malade, l'a mangée et l'a remplacée (en envoyant le corps au dehors)". A une maladie longue, ou en tout cas dont la durée demeure suspecte étant donné qu'elle aurait normalement déjà dû être traitée, est attribuée une origine extérieure, surnaturelle, voire sorcellaire.

- L'origine accidentelle. Une personne m'avait à ce sujet raconté l'histoire suivante : alors qu'il travaillait à la réparation d'une installation électrique, un câble s'était enroulé autour de son cou, ce qui lui fit une énorme brûlure; il avait attribué cela non seulement à une négligence de sa part mais aussi et surtout à un *Kout Poud* qui ne lui était pas destiné au départ. L'origine intentionnelle, bien que mal dirigée, de cet accident l'avait obligé à aller consulter un *oungan spécialisé* dans le traitement du *Kout Poud*.

- La répétition, ce que l'on dit en général lorsqu'il s'agit d'attaques de sorcellerie. Le malheur à répétition est généralement une des règles qui régissent les imputations en sorcellerie. Les deux critères que sont la soudaineté et la durée n'ont pas en eux, de manière intrinsèque, la signification sorcellaire, c'est-à-dire l'explication par la sorcellerie. Pour qu'ils prennent sens, il faut leur ajouter un caractère répétitif. A l'instar de Favret-Saada (1977 : 20), je dirai que "l'attaque de sorcellerie, elle, met en forme le malheur qui se répète et qui atteint au hasard les personnes et les biens d'un ménage ensorcelé". Ainsi, si les symptômes d'une maladie surviennent subitement, qu'ils durent ou qu'ils se répètent, il y a de fortes chances pour que l'on attribue à cette maladie la dénomination "*Kout Poud*". Quand le malheur se présente ainsi en série, l'individu adresse une double demande aux "gens de savoir": demande d'interprétation, d'abord, demande thérapeutique ensuite.

31- "Il y a la fièvre Bon Dieu et les autres fièvres : si c'est une fièvre qui ne tombe jamais, c'est une maladie forcée - qui est envoyée (...) Si la maladie a le temps d'entrer dans la viande du malade, si elle le mange, et qu'elle rejette le corps, ça devient plus difficile à traiter car c'est une mauvaise maladie".

A ces quelques critères peut aussi s'ajouter celui de la position sociale[32] du malade, selon que celui-ci soit riche ou pauvre, en haut ou en bas de la hiérarchie sociale. Dans tous les cas, définir une maladie comme émanant d'un *Kout Poud* ne nécessite pas forcément la totalité de ces critères, seule une partie peut suffire. Selon Métraux (1953 :30) "les maladies d'origine surnaturelle se reconnaissent à leur violence et à leur soudaineté ou, tout au contraire, à la lenteur de leur cours". On peut également faire un parallèle avec ce qu'on appelle la maladie "arrangée", conséquence d'une intervention maléfique, humaine ou non-humaine, qui se distingue de la maladie naturelle par une "résistance exceptionnelle aux thérapies, traditionnelles ou modernes, qu'on lui applique (...) On trouve dans ce trait la marque sûre d'une intervention maléfique, accidentelle ou provoquée par une malveillance d'autrui" (Chaudenson : 237). Dans le cas du *Kout Poud* en effet, je me suis aperçue qu'elle était souvent définie comme une maladie qui ne peut être soignée par la biomédecine. Et c'est parce que la thérapeutique issue de la médecine occidentale aura échouée, ainsi que la médecine domestique, que le malade se dirigera vers le *oungan*. L'étude de cette question par Bougerol aux Antilles (1977 : 76) a montré que "les troubles organiques ou psychiques qui surgissent brusquement et avec violence, s'ils ne cèdent pas au traitement du médecin ou à celui de la pharmacopée locale destinée aux maladies naturelles, seront attribuées à la persécution magique".

Au cours de l'évolution de la maladie, les causes avancées pour expliquer l'apparition de stigmates et la persistance des phénomènes corporels sont souvent imputées à une "persécution maléfique" d'un *lwa*, ou la conséquence d'un "sort envoyé par un tiers, plus communément appelé *Kout Poud*" (Gallibour, 2002 :107). La maladie surnaturelle *Kout Poud* ne s'applique donc pas à une symptomatologie particulière mais plutôt aux circonstances d'apparition de cette maladie. Pourquoi est-elle survenue à ce moment précis, et pourquoi cette personne est-elle malade et pas une autre ? Un eczéma par exemple peut être attribué à une cause surnaturelle, définie par Delbeau (1990) comme l'irruption de "phénomènes extraordinaires qui expriment l'action de forces cachées". Dans le processus de construction d'une causalité surnaturelle, ce qui revient

32- "Si le malade est riche, le baka représente un génie malfaisant qui mange l'âme des gens ou son pwen (= force mystique). Aussi, pour éviter que ce mauvais génie ne se retourne contre son maître, il doit être alimenté régulièrement de viande crue. Si le malade est malheureux, le baka est la conséquence de pièges tendus", Delbeau J.C, 1990. Mais peut-on faire intervenir, comme l'a fait Léon Rulx, l'influence de la classe sociale dans l'existence de la maladie surnaturelle ? Ce Docteur affirme que "dans les milieux pauvres et chez les prolétaires la mort est toujours considérée comme le résultat d'une influence maléfique [voilà pourquoi] chaque année, la session criminelle des tribunaux comporte toujours quelques cas de meurtres ayant comme mobile la haine injustifiée de certains paysans contre des voisins ou amis rendus responsables de la maladie et de la mort des leurs", in *Médecine et superstitions locales*, 1935, cité par Hoffmann LF, 1990 : 115-116.

souvent est la présence "incongrue"[33] d'une maladie. Le *Kout Poud*, bien plus qu'une maladie en soi, renvoie à une étiologie spécifique dont l'attribution est le fait d'un ensemble de circonstances, ensemble qui fait sens aux yeux des malades et des thérapeutes.

33- Il est intéressant de voir à ce propos ce qui ressort des études des cognitivistes sur les raisons de la persistance de certaines idées, sur le choix de certains faits plutôt que d'autres, sur les "tendances de l'esprit humain" à considérer certaines choses comme porteuses d'un sens et d'autres non ; voir au sujet des idées de sorcellerie l'article de Fabrice Clément (2003).

Chapitre 2 :
Le *Kout Poud* et la thérapie

Modèles étiologico-thérapeutiques

Est-ce la maladie qui, une fois définie, oriente le malade vers un thérapeute bien particulier, ou est-ce sa définition a posteriori, c'est-à-dire une fois qu'elle a été traitée par un thérapeute, qui l'insère dans une catégorie ? Dans la mesure où elle part d'un phénomène biologique, d'un malheur, d'une infortune jugée assez importante pour nécessiter une intervention thérapeutique, qu'elle suscite par la suite une explication fondée sur une interprétation causale, quel est le rapport entre ces démarches et celles induites par la recherche thérapeutique ? Autrement dit, une fois le quoi et le pourquoi posés, qu'en est-il du comment ? Sur une base empirique, l'interprétation établit des rapports de cause à effet pour répondre au pourquoi de la maladie (le diagnostic), à son comment (l'étiologie) pour la traiter .Quelles sont les interactions, les interpénétrations qui existent entre la maladie et la médecine ?

Schématiquement, trois catégories de maladie induisent les stratégies de guérison qui comprennent des moyens thérapeutiques orientés et identifiés par un " bon sens et un "sens commun". D'une manière générale, chaque maladie renvoie à une thérapeutique particulière, en tout cas à un axe du système médical spécifique[34]. Pour ce qui a trait aux maladies naturelles, ou maladies *Bon Dye*, le traitement recherché sera celui offert par la biomédecine, après s'être appuyé sur la médecine familiale domestique ou la médecine traditionnelle des guérisseurs. La maladie *lwa* par exemple "renvoie à des problématiques liées aux échanges symboliques du vaudou et c'est la médecine du houngan qui intervient alors" (Tremblay, 1995 : 255). Cette maladie fonctionne en dehors de la relation complémentaire et dualiste établie entre la maladie *dyab* et la maladie *Bon Dye*. Ce que Tremblay appelle "*maladi dyab*" renvoie totalement, après diagnostic, et en opposition à la médecine occidentale, à

34- De façon schématique (Barthélémy, 2000 : 186) : maladie naturelle >*doktè fèy*, et maladie surnaturelle > *oungan*.

la médecine créole, dans le *lakou* ou chez le *oungan*. Généralement, les maladies, dont la définition se base sur l'interprétation des symptômes, peuvent renvoyer à une thérapeutique spécifique en fonction des systèmes atteints : d'après Weniger (1983-1984) pour les affections bénignes du système respiratoire ou digestif, pour les maladies dites "psycho-somatiques" (*kolè, sezisman*) ou les traumatismes (*zo kase, foulay, frakti*), on fera appel à des remèdes de la médecine domestique; pour les affections graves du système respiratoire, on ira au dispensaire. Cette répartition des thérapeutes en fonction des maladies n'est valide que si celles-ci sont préalablement définies, ce qui n'est pas toujours le cas, comme nous allons le voir. C'est parfois la consultation qui va être déterminante dans la construction de la maladie.

Il existe une relation réciproque entre la maladie et la médecine, un rapport dialectique d'allers et retours fréquents. Au diagnostic de maladie surnaturelle se verra appliqué une thérapeutique adéquate provenant généralement d'un *oungan*. Selon Neptune-Rouzier, au cours d'un entretien avec elle, la thérapie est généralement définie en fonction de la maladie pré-diagnostiquée par le malade et son entourage. Mais l'enquête a révélé que le diagnostic n'est pas forcément préexistant au choix du thérapeute approprié. La classification de la maladie, lorsqu'il s'agit d'une maladie inexpliquée et que le malade aura déjà essayé plusieurs traitements, peut provenir au cours de la consultation, lorsque le *oungan* ou *doktè fèy* découvre, après l'invocation des *lwa*, l'origine de la maladie. En ce qui concerne l'interprétation de la maladie par la sorcellerie, l'appui sur le symbolique est-il survenu en dernier lieu, c'est-à-dire à défaut d'autre chose, partant du principe selon lequel rien ne demeure inexpliqué ? En ce sens, elle serait une explication a posteriori - ce qui parait tout de même le plus fréquent - le *oungan* étant souvent le dernier recours en situation de maladie. Ou la maladie est-elle dès le début expliquée par un *Kout Poud*, à savoir une interprétation a priori qui ne donnerait pas lieu à d'autres recherches, et quelles sont alors les circonstances exactes de cette attribution ? Bien que ces deux aspects ne soient pas forcément dissociables, et probablement mêlés de façon complexe dans la réalité, ces questionnements reviendraient à s'interroger sur le thème de la chronologie.

Pour cette classification de la maladie, l'enquête a montré que l'établissement du diagnostic s'effectue par le thérapeute, alors que, dans d'autres cas, c'est généralement la famille qui désigne la maladie et qui est à l'origine des stratégies thérapeutiques du malade. Ce qui ressort de cette enquête, c'est le caractère personnifié de la thérapeutique du *Kout Poud*. En effet, les entretiens ont montré le plus souvent que la maladie *Kout*

Poud est due à l'envoi d'une poudre, c'est-à-dire un poison fabriqué par un sorcier. Dans le premier cas rencontré, seul ce même sorcier peut défaire ce qu'il a fait et possède donc l'antidote, mais pour les autres, il ne faut surtout pas aller voir le *bòkò* (sorcier) qui a préparé le poison si l'on veut guérir, car c'est celui qui donnera le plus d'argent au sorcier qui aura le dernier mot; c'est pourquoi il est indispensable dans ce deuxième cas d'instaurer une distance, réelle c'est-à-dire géographique, importante entre le "jeteur de poudre" et celui qui soignera la maladie. Mais dans tous les cas de figure, la thérapie sera l'objet d'un *oungan* spécialiste du *Kout Poud*, un personnage qui aura entre ses mains la guérison du malade. Il s'agit donc d'une définition a posteriori de la maladie et ceci constitue un phénomène récurrent dans les conflits en sorcellerie : la découverte de la cause de l'infortune, la "persécution magique", s'effectue suite à une "recherche rétroactive de la cause du mal" (Bougerol, 1997 : 76).

Itinéraires thérapeutiques

Afin de mieux comprendre le processus à l'œuvre dans la définition de la maladie *Kout Poud*, et la thérapeutique appropriée, il est nécessaire de prendre en considération les logiques des stratégies de guérison à travers la complexité des itinéraires thérapeutiques. Pour ce qui est de la maladie en général, on constate une grande diversité des itinéraires thérapeutiques. Mais il n'est pas pour autant inintéressant de constituer une sorte de modèle dans le recours aux soins, un itinéraire thérapeutique-type qui prévaudrait dans un ensemble significatif de cas : ce modèle irait, par ordre chronologique d'accès, d'un premier recours, le *remèd lakay*[35] (c'est-à-dire la médecine domestique effectuée par l'entourage, la famille, voire le voisinage proche). Phénomène généralisé, les individus malades feront en premier lieu appel à leurs proches (famille ou voisins) pour traiter le mal, et ce pour des raisons évidentes liées à l'accessibilité, tant économique que géographique. Puis vient le *doktè fèy* (guérisseur traditionnel), et ensuite le médecin issu de la médecine officielle (médecine moderne, occidentale, ou conventionnelle, souvent en province, des centres de santé, ainsi que des *pikùrist*), et en dernier lieu le *oungan* ou *mambo* (prêtreSSE vodou), autrement appelés *divinò*[36]. Dans des cas extrêmes, on a pu faire référence aux *sosyete* (les sociétés secrètes dont je parlerai plus loin).

Ce qui revient à dire que lorsqu'un individu est malade, il est directement pris en charge par sa famille, c'est-à-dire les membres du *lakou* ou de sa famille proche. "Directement" ne veut pas dire

35- Selon Clérismé (1981: 127), ce premier recours domestique engloberait 71% des démarches thérapeutiques.

36- Plus exactement, les *divinò* sont des prêtres vodou spécialisés dans la divination.

immédiatement après la manifestation des premiers symptômes, mais cela signifie que le premier recours thérapeutique d'un malade est la médecine familiale. Puis, si le premier recours ne suffit pas, et selon le type d'affections, un thérapeute sera consulté. C'est à ce moment qu'interviennent les docteur-feuille, ce sont les guérisseurs traditionnels qui possèdent une connaissance et un savoir-faire autour des plantes médicinales. Et même si les gens des campagnes croient en l'efficacité et même en la supériorité de la médecine moderne, ils vont d'abord tenter leur chance auprès de la médecine populaire et/ou traditionnelle. C'est pour les affections de type médico-magique [c'est-à-dire auxquelles on attribue une étiologie surnaturelle magique, l'intervention d'un sorcier] que le recours aux thérapeutes traditionnels est le plus élevé. Si la personne n'est toujours pas guérie, on l'invitera à aller voir le médecin. Les ressources économiques du malade déterminent souvent son parcours, sachant que les freins à l'accessibilité à la médecine officielle sont généralement la distance géographique et le coût de la consultation et des médicaments.

Bricolage thérapeutique

Ce qui constitue en effet une des caractéristiques principales de la logique des stratégies thérapeutiques, et ceci n'est pas spécifiquement haïtien, c'est la recherche d'efficacité concrète, autrement dit une démarche pragmatique. En effet, pour certaines maladies demeurées inexpliquées, les stratégies de guérison sont multiformes et renvoient à la logique du "on essaie tout ce qui existe" ou "je vais de l'un à l'autre pour ramasser le maximum" (Benoist, in Lévy, 2000 : 187). Résumant très bien cette idée pour le cas de l'Afrique, Olivier de Sardan (1995 : 136) conclut de la manière suivante : "En fin de compte, il apparaît que la superposition, en Afrique, du recours à des systèmes de sens" "magico-religieux" et d'une forte "demande" à l'égard de la médecine occidentale, loin d'être le signe d'une "arriération" culturelle ou d'une "ignorance", correspond à une stratégie de recherche de la sécurité parfaitement rationnelle; il s'agit de combiner la quête empirique de l'efficacité thérapeutique tous azimuts (en s'adressant aussi bien à la thérapie occidentale qu'aux thérapies locales, plus ou moins "traditionnelles"), et le besoin d'une sécurité symbolique (garantie essentiellement par les systèmes de sens associés aux thérapies locales) ". Le processus sous-jacent au pragmatisme thérapeutique, ou recherche de l'efficacité thérapeutique tous azimuts, peut être mis en parallèle au concept de "bricolage" proposé par Lévi-Strauss dans un autre domaine[37]. Plus qu'une

37- Lévi-Strauss (1962 : 26-27) : "De nos jours, le bricoleur reste celui qui œuvre de ses mains, en utilisant des moyens détournés par comparaison avec ceux de l'homme de l'art (...) Le bricoleur est apte à exécuter

métaphore, le terme de "bricolage" est une description. Bricoler signifie utiliser les matériaux disponibles à de nouvelles fins, c'est-à-dire en réinterprétant de manière instrumentale les moyens à disposition.

En Haïti, l'accès aux soins de santé est inégalitaire, car découlant d'inégalités sociales très fortes (1% de la population possède la moitié des richesses), et les stratégies de guérison font appel à la "débrouille"[38]. Ce que j'appellerai le "bricolage thérapeutique" n'a rien d'anarchique, il est au contraire guidé par les contraintes collectives et des intérêts individuels - ce que l'on a et ce que l'on peut avoir. Le malade adopte de multiples stratégies de guérison sans que celles-ci soient considérées comme opposées et/ou exclusives mais plutôt complémentaires. Il n'y a pas d'exclusion entre le "corps-machine" et le "corps-univers" et, pour se défendre et agir contre la maladie, le malade et son entourage interviennent sur tous les registres, depuis celui de la médecine "occidentale" et de ses médicaments jusqu'à celui de la magie et de la divination. La diversité des itinéraires thérapeutiques vient d'ailleurs du fait que si une interprétation causale ne paraît pas satisfaisante aux yeux du malade, dans la mesure où elle n'aurait pas conduit à un remède efficace, le malade ira chercher ailleurs[39]. Et c'est sans aucun doute un des aspects récurrents lorsque l'on s'intéresse aujourd'hui à des contextes de pluralisme médical (Benoist, 1996). A l'instar des résultats de l'étude effectuée par Taverne (1911 : 509) en Guyane, on peut dire qu'une sorte de "consensus social" s'est construit autour de la maladie : "le désordre individuel qu'elle provoque légitime le franchissement des barrières". Et bien que cette constatation soit faite au sujet des barrières ethniques, il paraît possible de l'étendre à d'autres domaines de la vie sociale. Concrètement, le malade joue de toute la gamme que lui offre la confrontation des systèmes culturels. Et dans l'esprit des acteurs, il n'y a généralement pas de cassure entre les différents domaines, il n'y ni incohérence ni contradiction. Parmi les différents systèmes de sens, la constellation de recours, le malade procède à un regroupement, à une réinterprétation rendant le système médical plus que jamais global à ses yeux, dans la mesure où il se définit par un "amalgame organisé" de tout ce dont l'individu a à sa disposition. De plus, le passage du guérisseur au médecin, de l'ordonnance aux remèdes, produit à chaque fois "des réinterprétations singulières des symptômes de la maladie au travers d'un

un grand nombre de tâches diversifiées (...) son univers instrumental est clos, et la règle de son jeu est toujours de s'arranger avec les "moyens du bord". L'ensemble des moyens du bricoleur se définit seulement par son instrumentalité, parce que les éléments sont recueillis ou conservés en vertu du principe que "ça peut toujours servir" "

38- "Dans le no man's land entre les moralités respectives du lignage et du contrat social, la vie courante est du domaine de la simple débrouille", Ans (1987 : 295).

39-C'est d'ailleurs une des raisons, l'absence d'efficacité thérapeutique, qui permet d'expliquer l'engouement à l'heure actuelle de toutes les médecines dites parallèles ou alternatives, notamment en France mais également dans d'autres pays.

ensemble de modèles étiologico-thérapeutiques où les frontières entre les différentes causes du mal n'existent pas" (Gallibour, 2002 : 108).

En ce qui concerne les représentations sous-jacentes aux stratégies thérapeutiques, elles font appel à un système symbolique et sémiologique. Les conceptions populaires sur la santé, la maladie et la médecine ne sont pas qu'à la source des différents itinéraires thérapeutiques, c'est-à-dire a priori, elles sont également utilisées à posteriori dans l'explication de la guérison ou de son échec (Olivier de Sardan, 1995 : 135). En effet, si la maladie est le fait d'une altération biologique du corps, elle n'en est pas pour autant séparée de tout un contexte symbolique, et c'est cette "quête de sens", associée bien entendu à une demande de soins, qui guidera les individus malades vers les thérapeutes traditionnels et notamment les *oungan*, souvent en dernier recours. Et plutôt qu'une quête de sens, les stratégies de guérison ne doivent-elles pas être considérées comme une recherche d'efficacité concrète ? Le sens n'est-il pas, comme le dit Benoist (in Lévy, 2000 : 187), "ce que les thérapeutes apportent par surcroît, au sein de leur explication étiologique, à des malades qui ne viennent que pour leur demander la guérison". Car tant que l'individu ne sera pas guéri, et ce même si des explications lui sont fournies, il va "errer" de thérapeute en *oungan*, de médecin en *bòkò*. Les stratégies de guérison, certes investies socio-symboliquement et socio-politiquement, sont avant tout des pratiques à visée concrète.

Logiques des stratégies thérapeutiques

Si l'on s'intéresse au parcours d'un individu en quête de soins, on peut remarquer qu'il existe un écart entre les différentes représentations liées à la guérison. En effet, tout individu, selon son groupe d'appartenance, social, politique ou culturel, n'aura pas le même itinéraire thérapeutique : quels sont les paramètres influant ces différences d'usages ? Les stratégies de guérison ne se font pas à l'aveugle et sont liées à des représentations de la maladie et de la médecine issues elles-mêmes d'un statut social, en lien à des moyens économiques. L'enquête de Clérismé, Antoine et Lyberal (2003) montre à ce sujet que le recours à la médecine traditionnelle est le fait de toutes les classes sociales en Haiti. Néanmoins, cette tendance est beaucoup plus manifeste chez ce qu'ils appellent les "démunis à prédominance analphabète". Il est aisé de comprendre que la faiblesse économique joue un rôle important dans le choix du type de soins, et notamment en défaveur de la médecine officielle état donné un coût élevé la rendant inaccessible à de nombreuses personnes. A cela s'ajoutent d'autres facteurs tels que le type de maladie (comme nous l'avons déjà vu), la religion, le niveau d'instruction, la densité de population, l'absence de

médecins conventionnels, le coût de la vie, et la réputation du thérapeute. La logique des pratiques thérapeutiques est surtout induite par des critères économiques et géographiques. Dans le domaine de la santé, les chiffres concernant les inégalités d'accès aux soins de santé primaires sont on ne peut plus explicites. En ce qui concerne la distribution de la médecine officielle, c'est-à-dire la médecine occidentale, elle est très faible : la population dispose en moyenne d'un médecin pour 10.000 habitants, alors qu'à Cuba par exemple, 50 fois plus de médecins permettent de réduire le taux de mortalité infantile à 1 pour 110[40], et en Haïti un enfant sur 8 meurt avant 5 ans. La médecine occidentale est centralisée, ce qui fait que les populations de certains régions rurales disposent à peine[41] d'un médecin pour 40.000 habitants. Ce qui est caractéristique de l'accès aux soins de santé primaires en Haïti est l'inaccessibilité géographique et économique à laquelle la population fait face. En effet, les habitants de certaines zones reculées doivent marcher plusieurs heures avant d'accéder au premier centre de santé de la région, et, s'ils peuvent régler les honoraires, ils constatent que le centre est le plus souvent dépourvu de la totalité du matériel nécessaire à un bon traitement.
L'étude des stratégies et des logiques thérapeutiques montre, non pas un choix déterminé, mais bien plus un réajustement constant des pratiques en fonction de différents critères. L' "indétermination des itinéraires" met en évidence la pluralité des choix qui s'offrent à l'individu, ainsi que la "dialectique entre déterminisme culturel, contingences des circonstances ou des contextes et libre-arbitre, trois facteurs reliés entre eux qui guideront ses choix de démarche" (Massé, 2002 : 31). Les logiques plurielles de recours aux soins sont complexes et singulières car elles ne relèvent pas d'une cohérence systématique mais bien plutôt d'un "réajustement continuel" (Werner, 1996) de nouveaux éléments pris en compte au fil du parcours et susceptibles de concourir à l'interprétation de la maladie ou de l'infortune.

Thérapie du *Kout Poud*

La maladie, alors conçue comme un désordre tant biologique que social et culturel, nécessite une thérapeutique appropriée, une sorte de "remise en ordre" qui s'établira sur un diagnostic, préalable indispensable à toute thérapeutique. En effet, sur quels critères se base-t-on pour définir la maladie comme étant issue d'un *Kout Poud* ? Contrairement à d'autres types de maladies plus courantes, lesquelles ne nécessitent pas forcément

40- Chiffres issus du Rapport sur le Développement humain de 1991-2002 effectué par le Programme des Nations Unies au Développement.
41- Et parfois même aucun selon Farmer (juillet 2003).

l'intervention d'un thérapeute, le diagnostic "*maladie Kout Poud*" est assez souvent établi par un thérapeute, même s'il peut être supposé ou suggéré par la famille ou l'entourage du malade. Car l'interprétation de la maladie se fait généralement par la famille du malade, laquelle n'est d'ailleurs pas présente qu'au niveau de l'organisation des stratégies interprétatives, mais elle participe également à l'élaboration des stratégies d'action en situation de maladie ou d'infortune (Tremblay, 1995 ; Gallibour, 2002), ou par le *doktè fèy*. Toutefois, l'explication donnée à la maladie *Kout Poud* est le fait, la plupart du temps, d'un *oungan*. Ceci est d'ailleurs révélateur de l'interaction constante qui existe, à plusieurs niveaux de la maladie (diagnostic - thérapie), entre la maladie et la médecine, entre le patient et le thérapeute. Toutefois, il ne s'agit pas forcément du même prêtre vodou qui va effectuer le traitement, car il est possible d'établir le diagnostic et de reconnaître en même temps son incapacité à traiter cette maladie (ce qui m'a d'ailleurs souvent été signalé au cours de l'enquête). Ce qui est spécifique au *Kout Poud*, par rapport d'autres pratiques médico-magiques, c'est que son traitement s'effectue essentiellement a posteriori, c'est-à-dire qu'il n'existe pas à ma connaissance de pratiques prophylactiques, susceptibles de prévenir de son apparition. En ce sens, "prendre un *Kout Poud*", c'est imprévisible, et l'existence de protections magiques propres à se prémunir de l'envoi d'une poudre ne fut jamais énoncée. Contrairement à d'autres pratiques magiques autour desquelles il existe généralement des "garanties", des "fétiches" qui permettent à l'individu de se protéger des maléfices, le phénomène du *Kout Poud* n'induit apparemment pas de telles pratiques. Il semble que l'on puisse se protéger de manière générale de l'éventualité d'un mauvais sort, mais pas de manière spécifique de l'envoi d'une poudre.

Pour ce qui est de la thérapie du *Kout Poud*, voyons à présent une "consultation-type" telle qu'expliquée par une *mambo* :

Le malade entre dans la *ti kay*[42], la petite maison réservée aux séances thérapeutiques, ainsi qu'à d'autres rituels vodou, et énonce les raisons de sa venue : "*Moùn nan vini, di ki maladi l'genyen. M'ap fè tiraj pou wè ki maladi li ye. Nan tiràj kàt yo, m'wè si m'kapab geri maladi sa-a*"[43]. Souvent, me dit-elle, le malade sait pourquoi il vient et fait part de son auto-diagnostic, référant à une terminologie courante de la maladie le plus souvent définie par la famille du malade, c'est-à-dire l'appellation nosologique populaire qui fait référence à l'interprétation de la maladie. Une fois que le malade s'est prononcé sur les raisons de sa venue, la *mambo* procède à un petit examen physique, toutefois non systématique,

42- Cette petite maison n'est ni un *oumfò* ni un péristyle, mais plutôt un "cabinet de consultation".

43- "La personne vient et me fait savoir de quelle maladie elle semble atteinte. Je procède à une divination par les cartes afin de connaître de quelle maladie il s'agit exactement, et également pour savoir si je suis à même de la traiter", ma traduction.

et établit ensuite le diagnostic de manière plus précise, annonçant au malade de quoi il souffre. Il s'agit concrètement de demander au *lwa* "Criminel" (esprit du panthéon vodou auquel elle est rattachée) de quoi le malade est atteint car "c'est le *lwa* qui sait" (*se lwa k konnen*). Pour la *mambo*, même si certains symptômes, détectés suite à l'examen sommaire du malade, peuvent influencer le diagnostic, c'est de toute façon le *lwa* qui déterminera la maladie et ses causes, une fois interpellé au cours d'un rituel précis. Et il n'intervient pas qu'à cette étape préliminaire de la thérapie, car il transmet ensuite à la *mambo* son pouvoir thérapeutique, ainsi que le traitement adapté, les remèdes à administrer au malade. Le diagnostic et la thérapeutique proviennent donc directement de ces invocations, de cette relation privilégiée de la *mambo* avec son *lwa*[44]. C'est donc le *lwa* qui sait et aucun traitement ne sera commencé sans demander son avis. La spécialité de cette *mambo* est la divination, son diagnostic et sa thérapeutique dépendant dans cas son de la lecture des cartes. Qu'il s'agisse du choix des plantes, des modalités du traitement ou du diagnostic, les principales indications avancées par le thérapeute émanent des esprits et sont de ce fait légitimées. Le guérisseur " rappelle par là que le principe de guérison (...) n'est pas uniquement d'essence humaine ou matérielle" (Taverne, 1991 : 399). Au même titre qu'il existe un "principe spirituel" d'efficacité des plantes et des remèdes, on pourrait dire que la légitimation de la pratique thérapeutique découle directement d'un esprit, ou en tout cas d'une relation particulière entretenue par le thérapeute avec "son" esprit.

À l'établissement du diagnostic par une instance surnaturelle pourra s'ajouter, confirmant en cela l'interprétation surnaturelle, un questionnement sur les aspects plus personnels du malade, à travers son histoire de vie, les évènements de référence du malade qui font sens pour lui dans le vécu de sa maladie et dans l'apparition de celle-ci. Au niveau individuel, l'opposition dualiste du système médical (médecine occidentale conventionnelle/médecine traditionnelle "créole") ne fait pas sens, au profit de la possibilité d'une complémentarité. Pour certaines maladies, soignées et guéries d'emblée par le thérapeute auquel le traitement était attribué, la question de la multiplicité des recours ne se pose pas, car l'infortune est restaurée. Et dans le cas où la persistance de la maladie nécessite une diversité de recours, les relations qui existent entre les systèmes médicaux - à travers les individus qui y ont recours - sont variées : un *doktè fèy*, un *oungan*, une *matròn* qui reçoit un individu malade peut lui dire d'aller voir un médecin "conventionnel" car il estime

44- " Si les *lwa* envoient les maladies, ils peuvent aussi les guérir directement. Un *lwa* peut apparaître en songe au malade, sous sa forme réelle ou sous celle d'un ami ou d'un parent. Il lui indique alors les simples qu'il dit prendre ou lui donne le nom d'un *houngan* qui le soignera" (Métraux, 1953 : 35). Alors que le *lwa* peut apparaître pour guérir une maladie donnée par un *lwa*, il peut également intervenir dans le traitement d'une maladie causée par la sorcellerie.

que le problème n'est pas de son ressort. Il semble courant que les guérisseurs envoient les malades aux institutions de santé. L'inverse[45] se fait plus rarement car le médecin "officiel" a tendance à dénier l'existence de maladies surnaturelles, même s'il en a entendu parler. On peut dire que le médecin n'empêchera pas le patient d'aller voir le oungan, mais qu'il ne le lui conseillera pas. Selon l'avis d'un médecin rencontré lors de mon enquête, les pratiques de la médecine traditionnelle ne sont efficaces que pour la prévention, la prise en charge devant être faite par la biomédecine. Au sein de la médecine traditionnelle par contre, un oungan peut référer le malade à un autre oungan : *"li pa ka trete tout bagay, li kapab mande yon lòt oungan Jacmel, yon doktè tou"*[46], et ce bien que les contacts inter-professionnels semblent être plutôt superficiels, pour des raisons probablement liées à la concurrence. Il semble en effet que les échanges de savoirs et de malades entre thérapeutes, en tout cas de leur propre initiative, soient quasi inexistants. En outre, Taverne (1997:45) montre que "deux thérapeutes qui se rencontrent parlent rarement de leur pratique, les enjeux de pouvoirs surnaturels sont trop importants".

Quant au déroulement d'un acte thérapeutique dans le cas d'une maladie surnaturelle, et notamment dans le cas du *Kout Poud*, un oungan m'a mise en situation en procédant à une divination comme s'il s'agissait d'une consultation. Le thérapeute reçoit le malade dans son cabinet, petite pièce obscure et peu décorée. Cette sobriété dans le décor fut revendiquée par le *oungan* en partie dans le but de se démarquer de ces "autres" *oungan* qui dépensent de fortes sommes dans l'achat d'objets décoratifs, renvoyant par là à une certaine simplicité désirée et qualifiée d'"authentique". Après avoir fait asseoir le malade en face de lui, la divination commence, et ce après avoir tout de même suggéré la nécessité de donner de l'argent pour le *kleren* (rhum local de première distillation) et les *balèn* (bougies). Muni d'une grosse bille qu'il fait rouler dans une assiette, le *oungan* agite deux *asson* et tape trois fois sur un crâne humain posé sur la table. Ensuite il regarde le bleu d'une bague à la lumière d'une bougie et le *lwa* se met à parler. En effet, quelques secondes après avoir commencé, le *oungan* me regarde droit dans les yeux en me disant que dorénavant ce n'est plus à X[47] que j'ai affaire mais à Granbwa (nom du *lwa* qui le "possède"), le *oungan* n'étant plus que le cheval de l'esprit. *M'ap sonde lwa, si l'konn maladi,*

45- Bien qu'au cours de mon enquête, une *mambo* m'a dit recevoir des gens malades envoyés par les médecins (*doktè pa vle yo* : " les médecins n'en veulent pas "). Des questions surviennent alors : les médecins conventionnels, en refusant des malades qu'ils estiment ne pas pouvoir soigner, auraient-ils des pratiques contradictoires au regard du discours biomédical réfutant l'existence de maladies "surnaturelles" ? Serait-ce une reconnaissance implicite de l'existence de ces maladies ? Ou serait-ce plutôt une interprétation fournie par le malade à la *mambo* en vue de justifier sa présence ?

46- "Un *oungan* n'est pas en mesure de tout guérir, il peut référer à un autre *ougan* (à Jacmel par exemple), voire même à un médecin", ma traduction.

47- Je ne tiens pas à dévoiler le nom du oungan pour des raisons de confidentialité.

m'ap di'l, si l'konn remèd m'ap fè'l[48]. La capacité thérapeutique du *oungan* est donc limitée à celle du *lwa*. Après avoir établi le diagnostic, ici la maladie due à un coup de poudre, le *oungan* procède aux différentes étapes de la thérapie : frottements, massages (*rale*), frictions des parties atteintes à l'aide de poudres[49] préparées par ses soins, et d'un petit animal, gardé dans une une boîte sous la table, une tortue vivante. Ensuite, le malade ainsi "lavé" est disposé dans une tombe, trou de plus d'un mètre de profondeur creusé dans la partie opposée de la pièce, dont le fond est recouvert de grandes feuilles, fermé par un couvercle[50]. Cette technique de la "fosse", ou l'inhumation simulée du demandeur, sous-entend un traitement à domicile dont la durée peut varier de quelques heures, voire quelques jours, à une semaine dans des cas extrêmes. Cette technique n'est pas fréquente dans la mesure où les hospitalisations à domicile sont rares par peur que le malade meure, un malheur entraînant souvent une perte de pouvoir mystique. Pour Clérismé (1981 : 38), "seuls les grands *houngans* gardent chez eux des malades pendant plusieurs jours, par exemple des malades psychiatriques". Pour des cas "lourds", le malade est accompagné de sa famille qui lui apporte à manger régulièrement. Plusieurs fois par jour, le malade est sorti de sa "fosse", et le *oungan* lui applique des poudres et autres remèdes, et invoque à cette occasion les esprits, dans ce cas spécifique Granbwa, afin de leur demander la guérison. Tremblay (1995 : 152) rend compte, lors d'une thérapie liée au *Kout Poud*, de l'emploi d'une citation biblique "psòm 109, se pou anleve kout poud" (le psaume 109 est invoqué pour enlever le coup de poudre).

Ne remettant en aucun cas en question l'efficacité thérapeutique d'une telle procédure, et en particulier la "technique de la fosse", il est tout de même intéressant de noter que, quelque soit la nature des effets, il paraît indispensable d'imaginer ses effets sur quiconque resterait enfermé plusieurs heures/jours dans une tombe. A l'instar d'un professeur rencontré au cours de l'enquête, il me semble que ce que l'on demande au malade, car en général il participe activement au processus de guérison, est à prendre en considération dans le processus de guérison. Selon lui, c'est même plus ce que l'on demande au malade de faire [il illustrait cette question en prenant l'exemple d'un homme, abattu par une fièvre, à qui le *oungan* avait dit de se rendre à minuit au carrefour d'un cimetière - sachant

48-J'interroge l'esprit, s'il sait de quelle maladie il s'agit, je le lui [au malade] dis, s'il connaît le remède, je l'applique", ma traduction.

49- Pour une maladie dont l'origine est une poudre, une *mambo* dit que le médicament est "*dlo poud*", ce qui signifie l'eau utilisée une fois que l'on y a mis la poudre à tremper. Et inversement, pour une maladie due à un excès d'eau, le médicament est une poudre. Cette pratique thérapeutique, basée sur la théorie des contraires, n'a pas été mentionnée par d'autres, excepté dans l'ouvrage de Dorsainvil (1931 : 80), dans lequel il affirme que l'on assiste à la recherche quasi systématique, au sein de ce qu'il appelle le "symbolisme primitif" des *oungan*, d' une "opposition des contraires", en prenant l'exemple de l'odeur repoussante de l'Assa Foetida qui sert à éloigner le mauvais air.

50- "*Yon twou pou boule gaz lè yo voye yon mò sou yon moùn*" = "un trou pour brûler du gaz lorsqu'on a envoyé un mort sur quelqu'un", ma traduction.

tout l'imaginaire qu'il peut exister à une telle heure dans un lieu si propice à la rencontre d'esprits malfaisants (le carrefour) de surcroît aux abords d'un cimetière] que le remède en tant que tel qui agit comme thérapie. Dans tous les cas, lorsque le malade revient, "*se pa menm moùn*" (il n'est plus le même). Tout rite est une espèce de langage et la représentation que l'on peut avoir de son effet est toujours un changement d'état (Mauss, 1950). La procédure thérapeutique est d'interprétation difficile et il est important de montrer la difficulté d'analyse de la question de l'efficacité thérapeutique des pratiques traditionnelles car, comment faire la différence, au niveau du discours du malade, entre un "je suis guéri" et un "je me sens guéri" ? Ce qui guérit, c'est au bout du compte un processus interactionnel, un phénomène interactif que pourra révéler une analyse du contexte par la mise en relation de certains évènements (Bougerol, 1997).

Choix du thérapeute

En ce qui concerne la maladie attribuée à un *Kout Poud*, l'itinéraire thérapeutique peut être long et nécessite parfois de grands déplacements, à en croire notamment un *oungan* domicilié à Port-Salut, pointe sud-ouest d'Haïti, qui reçoit des gens qui viennent de Port-au-Prince. La diffusion de l'information se fait soit sur les conseils d'un ami ou d'un membre de la famille , soit de "bouche à oreille" (*tele dyòl*, mode de communication très efficace). Ainsi, une personne malade, qui est déjà allée voir plusieurs types de médecins-guérisseurs, a pour dernier recours ce thérapeute "spécialiste du Kout Poud". Cette "spécialisation" des thérapeutes ou des magiciens s'établit le plus souvent suivant les rites que ces individus pratiquent que suivant les pouvoirs qu'ils possèdent (Mauss, 1950). La distance entre le malade et le thérapeute peut être subie, comme ce fut le cas pour un malade qui avait déjà "tout" essayé à Port-au-Prince, et qui n'avait plus d'autre choix que d'aller en province, mais elle peut également être très fortement souhaitable, comme l'a montré Favret-Saada (1977) à propos du désorcellement. L'efficacité magique de la parole instaure une mise à distance entre celui qui parle et celui qui écoute, et l'on préférera ainsi choisir son thérapeute au-delà d'une certaine frontière, en tout cas hors des réseaux d'inter-connaissance. La distance est alors désirée, et même recherchée : *Si l'prann poud, li pa pral wè yon moùn bò isit mè pi lwen, paske l'panse avèk kòb, moùn yo ki mechan kapab peye plis kòb pou kraze sa l'te fè*[51]. L'argument ici avancé par un thérapeute "par onirie" qui "rêvait" les traitements, et qui avait lui-même "pris" un *Kout Poud* par *neglijans* (négligence), est l'enjeu financier: ne pas s'éloigner

51- "Si quelqu'un prend un coup de poudre, il n'ira pas voir un guérisseur près d'ici mais bien plus loin, parce qu'il suffirait juste à celui qui est méchant de payer plus d'argent pour défaire le traitement thérapeutique recherché par la victime (sous-entendant que la distance rendrait ceci impossible)", ma traduction.

physiquement de l'endroit où l'on a "pris un *Kout Poud*" revient à prendre le risque, même si l'on se fait soigner par un thérapeute local, que l'acte se reproduise, que ce qui a été essayé comme traitement soit "écrasé", "détruit". Parce que le prêtre-sorcier serait mercantile, il accepterait, moyennant une compensation financière, de faire tout ce qu'on lui demande. Pour ce guérisseur, la maladie - comme la guérison - dépend des capacités financières des individus, et de la somme d'argent donnée au sorcier, le plus riche ayant forcément le dernier mot. C'est pourquoi, il est indispensable selon cette perspective d'aller consulter un thérapeute en dehors du lieu où la maladie s'est déclenchée (et donc ce qui semble en découler, de l'habitat du sorcier, pas mis en cause directement mais soupçonné). Ceci est en quelque sorte révélateur d'un rapport particulier à l'argent, d'autant qu'il s'agit ici d'un pays pauvre où cette question ne peut etre éludée dans la compréhension des représentations communes. Outre la situation particulière d'un *blan* qui entend très fréquemment "*ban'm kòb*" (donne-moi de l'argent), constituant à cet égard un "portefeuille ambulant" (ce qui est tout à fait compréhensible au regard des écarts énormes de niveaux de vie, même pour une française issue d'un milieu "modeste" qui devient riche dans un pays comme Haïti), le rapport à l'argent est un critère qui semble revenir de manière constante au sein des relations sociales[52].

Pour ce qui est du paiement des consultations et des traitements, la somme d'argent, même minime, est le plus souvent versée au début de la consultation. (ce qui paraît différent de certaines pratiques en Afrique où le malade a la possibilité de payer seulement une fois guéri). La somme à donner varie en fonction de la maladie et des liens unissant le thérapeute au malade. En effet, le guérisseur est capable d'adapter le prix du traitement à son client, en fonction de la proximité géographique, des relations d'inter-connaissance pré-existantes, et des capacités financières du malade. Il arrive que certains malades disent combien ils sont en mesure de payer, cela n'empêchant pas le fait que le malade ou sa famille soit redevable par la suite. Le coût du traitement, réglé lors de la consultation puis au fur et à mesure qu'il reçoit des médicaments, est ainsi sujet à négociation, et certains soignent également à crédit si tant est qu'ils puissent se le permettre. Le guérisseur peut accepter d'être payé en nature ou sous forme de services, les modes de rétribution étant parfois assez variés. Concernant le traitement d'une maladie *Kout Poud*, le coût est relativement élevé, d'autant que la thérapeutique peut durer assez longtemps, la présence constante du malade dans le cabinet étant souvent de mise. Les repas ne sont généralement pas pris en charge, rendant

52- L'exemple des funérailles est une bonne illustration, dans la mesure où les dépenses faites à cette occasion sont démesurées, proportionnellement aux ressources des membres participants aux veillées funèbres.

nécessaire la présence d'un membre de la famille au cours du traitement. De ce point de vue, la biomédecine et la thérapie par les *oungan* sont à considérer dans une même perspective, car le coût du traitement est élevé. Il est d'ailleurs intéressant de relever un des résultats de l'enquête de Clérismé (1981 : 110) au sujet des dépenses : "Chez les *doktè-fèy*, les statuts élevés et faibles dépensent plus que les statuts moyens. Chez les *oungan*, plus les gens sont pauvres, plus ils dépensent. Pour la médecine moderne, les dépenses sont plus importantes en moyenne. Les statuts socio-économiques élevés dépensent 4 fois plus que les strates inférieures". Ce qui est à noter dans tous les cas au sujet du coût des traitements, c'est leur extrême variabilité, dépendante à la fois du thérapeute, du consultant et de la maladie.

Étude du système médical en Haïti

L'étude de la maladie est indissociable de celle des remèdes, préventifs et curatifs, liés à la gestion du malheur et de l'infortune. Les pratiques thérapeutiques opérées par les différentes médecines à l'œuvre en Haïti vont ici être abordées à travers la question des connaissances, pratiques et représentations liées à la maladie ainsi qu'à l'étude du système médical haïtien. Les savoirs thérapeutiques correspondant à la "culture médicale locale"[53] sont complexes et leur dispersion au sein de la population ainsi que leur hétérogénéité est grande. Comme l'a constaté Olivier de Sardan (1995 : 151), il semble que les "savoirs populaires communs", malgré diverses récurrences et analogies, sont loin d'être identiques d'une famille à l'autre, et les discours comme les pratiques des guérisseurs ont une "forte propension à l'idiosyncrasie", au sens où chaque compétence personnelle relève d'un savoir spécifique. Tous ces savoirs renvoient à ce que l'on englobe généralement sous le terme de "médecine traditionnelle", définie comme suit : "l'ensemble des pratiques, mesures, ingrédients, interventions de tous genres matériels ou autres qui permettent de se prémunir, de se soulager, de se guérir en matière de santé"[54]. Cette définition correspond à la vision élargie de la médecine traditionnelle, la vision restreinte se référant aux spécialistes, c'est-à-dire aux thérapeutes qui exercent leurs pratiques en dehors du seul cercle familial ou du voisinage. Il s'agit alors de "l'ensemble de pratiques empiriques et magico-religieuses recommandées et exercées par les médecins-feuilles, *houngans*, femmes sages et rebouteux, dépourvus de toute formation scientifique" (Bordes, 1980 : 288), définition par la négative fondée en opposition à la

53- Ce terme permettrait de mettre en avant les aspects culturels des connaissances et pratiques liées aux thérapeutiques (Olivier de Sardan, 1995).

54- Johnson-Romald, *Problématique de la médecine traditionnelle en Afrique*. OMS, Bureau Régional de l'Afrique, 1976 : 1, cité par Clérismé (1981 :29).

biomédecine. Selon le modèle établi par Kleinman (1978, 1980), le système médical haïtien se compose de trois branches - traditionnel/populaire/biomédical - qui vont être abordées successivement.

De nombreuses enquêtes ont été faites en Haïti autour de la **médecine populaire domestique** (Neptune-Rouzier, 1996 ; Weniger, 1985), parfois au détriment de l'analyse de la professionnalisation de la médecine traditionnelle. Elles ont rendu compte de la prégnance de la culture médicale locale et de sa transmission au sein du réseau familial : "Très tôt, l'enfant apprend l'usage des plantes, les mythes qui s'y rattachent et se familiarise vite avec leur catégorisation" (Clérismé, 1981 : 30). La démarche de soins, fondamentalement pragmatique, s'inscrit donc en premier lieu, car il s'agit la plupart du temps du premier recours en cas de maladie, dans l'aire du domicile [*lakay*], et s'effectue le plus souvent par les mères de famille[55]. Premier recours car, d'une manière générale, et ce sans distinction de "classe", de religion, la plupart des gens ont recours aux thés, décoctions pour soigner une maladie qui paraît bénigne. Les *remèd lakay* sont le fait de parents, amis, voisins ou connaissances personnelles et, même dans une maison "bourgeoise", on pourra faire appel à la "femme de maison" (souvent la dame qui s'occupe de faire le ménage, la cuisine..) dans la préparation des premiers remèdes. Cette médecine opère le plus souvent à partir de *remèd fèy*, les plantes médicinales constituent le moyen thérapeutique de base des soins de santé de la médecine traditionnelle, l'herbier familial pouvant aller jusqu'à une centaine d'espèces (Clérismé, 1981). Pour résumer, la médecine domestique populaire, qui se pérennise par une transmission familiale centrée notamment autour de la mère, fait appel à des connaissances et savoir-faire thérapeutiques pragmatiques.

L'autre volet de la **médecine populaire traditionnelle** concerne les **guérisseurs** et/ou **tradipraticiens**. Un guérisseur, souvent appelé "docteur", est le praticien d'une médecine empirique. C'est celui qui fait de la médecine traditionnelle une profession, ou une personne qui utilise une ou plusieurs méthode(s) de thérapie, et qui reçoit de manière habituelle une clientèle qui s'adresse à elle pour être guérie et de ce fait, possède un statut particulier dans la société. Les guérisseurs sont nombreux - environ 15 pour 1000 habitants selon Clérismé (2003) -, ont la connaissance du milieu ambiant et ils possèdent le plus souvent du prestige et du respect dans la communauté. Pour Benoist (in Lévy, 2000 : 160), ces thérapeutes

55- La médecine familiale est "matrifocale" (Saillant, 2001 : 229). Sa thèse est la suivante : la "recherche explicite de la nature dans la quête de guérison" instaure un parallèle entre la nature extérieure à l'humain et sa nature intrinsèque, à travers l'image de la "femme-mère-thérapeute". La nature guérisseuse et la mère qui soigne sont-elles deux facettes d'une même réalité ?

sont à la fois "les praticiens d'une technique et les médiateurs d'une culture, où leur technique a reçu son vocabulaire". Afin d'y voir plus clair, nous allons classer les spécialistes de la médecine traditionnelle de façon schématique, et distinguer quatre catégories de guérisseurs. Les critères retenus ici diffèrent de ceux évoqués par Tremblay (1995) laquelle définit des catégories de guérisseurs en fonction de critères géographiques, allant du cercle de la communauté à celui du voisinage (local) et enfin à un niveau plus étendu (du local au national). Celles qui vont être exposées ici ne sont pas exclusives l'une de l'autre car une même personne peut cumuler deux de ces fonctions ou davantage :

- Les *doktè fèy* ou *medsen fèy* sont les plus nombreux dispensateurs de soins parmi l'ensemble des différents thérapeutes traditionnels. Leurs compétences sont variables. Ils s'occupent du traitement de différentes maladies ou infortunes, identifiées selon des catégories nosologiques populaires. L'essentiel de leur pharmacopée est constituée de plantes, d'herbes, de racines, mais ils utilisent également diverses substances minérales, chimiques ou animales pour effectuer des bains, des massages; à cela s'ajoute le recours aux prières, données à voir au malade, à ce qui est appelé "simples"[56], à savoir un traitement associant des plantes et des signes "cabalistiques", voire un traitement mettant seulement ces derniers en œuvre. Au sein de la médecine traditionnelle, le traitement par médicaments est souvent accompagné de rituels et de gestes thérapeutiques qui sont d'après le guérisseur des composantes essentielles de la méthode. Les remèd fèy font appel à une préparation complexe[57]. Le nombre de consultations effectuées par un *doktè fèy* peut varier de 10 à 30 par mois soit de 100 à 300 par an. Ceux-ci ne pratiquent généralement qu'à temps partiel, car leur activité, même si elle est importante et que les soins sont rémunérés, ne leur permet pas de subvenir intégralement à leurs besoins. Ils ne sont en effet pas

56- Ce terme est défini différemment en France, à savoir comme plante médicinale seulement (Lieutaghi, 1983).

57- La préparation des remèdes à base de feuilles est souvent bien complexe. Au départ, la récolte s'effectue en plusieurs étapes : 1) la prière (pour demander l'efficacité) 2) le dépôt d'une somme d'argent ou d'un objet au pied de l'arbre 3) la prise en compte de l'orientation (soleil levant ou couchant selon efficacité désirée) (Clérismé, 1981). Il existe plusieurs sortes de thérapeutiques, par médicaments et par rituels, bien que ce soit souvent un mélange des deux catégories.: 1) bain de tête 2) *remèd fèy* (remède à base de plantes) 3) *raleman* (massage) 4) *ben* (bain) 5) simple 6) *te* (thé) 7) *boutèy remèd* ou *boutèy siwo* (bouteille de clairin dans laquelle ont macéré des plantes, écorces) 8) tisane 9) *manje ranvwa* (repas magique préparé en vue de chasser un esprit malin d'une personne) 10) *pase liv* (interpeller les esprits au moyen de la Bible ou d'un livre magique) 11) *friksyon* (friction) 12) ventouse 13) *boutèy seròm* (bouteille sérum, en général du NaCl).

épargnés par une certaine précarité économique.

- Ensuite, viennent les *matròn* ou *fanm saj* qui sont beaucoup plus que de simples accoucheuses. Ce ne sont pas seulement des praticiennes qui, comme nos sages-femmes, assistent les femmes avant, pendant et après leur accouchement. Ce sont aussi des "personnes éclairées" qui entretiennent des rapports avec les *lwa* et les esprits, et dont par conséquent les interventions vont bien au-delà d'une simple assistance médicale (d'Ans, 1987). Il s'agit souvent de femmes qui ont une bonne connaissance des feuilles et qui peuvent parfois être *mambo*.
- Puis un ensemble de thérapeutes spécialisés, *pikurist*, rebouteux (*doktè zo*) et "droguistes" (qui procèdent à la préparation de *boutey remèd*, de *tranpe*, toutes sortes de plantes macérées dans du *kleren*), masseurs (*moùn ki konn rale*). Ces guérisseurs sont le plus souvent docteur-feuille en même temps et ils s'attachent en général à traiter un certain type d'affection; les masseurs rencontrés lors de mon terrain accouchaient les femmes et les bêtes, réparaient les fractures en utilisant des remèdes à base de plantes.
- Enfin, le *oungan* ou *mambo* est une personne à caractère religieux. Kerboull (1973) avance un taux d'un *oungan* pour cent personnes. Ce thérapeute "interpelle les lwa en vue de la solution de certains problèmes". En milieu rural, le *oungan* joue plusieurs rôles, à la fois prêtre, arbitre et conseiller, médecin feuille et assistant social (Romain, 1981). Pour Hoffmann (1990 : 163), "le *houngan* ne soigne que les maladies qu'il considère comme dues à la malveillance d'un ennemi ou d'un *lwa*...(...) S'il ne trouve pas au mal une origine surnaturelle, ou si l'expérience lui a montré que ce mal n'est pas guérissable par les plantes, le *houngan* ne le traite qu'en l'absence et à la place du médecin".

Étudiant la médecine traditionnelle, Clérismé (1981: 38) fait ressortir un profil-type du guérisseur : il appartient souvent aux couches les moins favorisées, le plus souvent analphabète. Âgé de plus de 40 ans, il paraît modeste, et possède selon lui un grand souci de discrétion. Les thérapeutes sont d'après lui "humbles par nécessité", dans la mesure où leurs connaissances ne doivent pas être étalées au risque de se faire piéger par quelqu'un qui pourrait en tirer profit contre eux. Cela pourrait être un avantage dans la mesure où un thérapeute n'est reconnu comme "fort" que "dans les limites de son réseau personnel égo-centré de consultants, et d'autant plus qu'il cultive la discrétion et l'humilité" (Taverne, 1997 : 45). Les connaissances du guérisseur, excepté pour le *pikurist* qui apprend le plus par observation, sont généralement le fait d'une transmission familiale, et parfois elles sont héritées au cours d'un songe. Le don par un esprit à travers le rêve constitue en effet une des origines possibles de l'institutionnalisation comme *oungan* ou comme *mambo*. Il m'a d'ailleurs été contée l'histoire d'un individu devenu *oungan* suite à un *Kout Poud* : malade dans son enfance, et orienté vers un *oungan* qui lui a diagnostiqué une maladie *Kout Poud*, il a décidé - autant par désir que parce que l'on avait jugé qu'il en avait dorénavant les capacités - de devenir *oungan* suite à sa guérison. Cette expérience est récurrente dans de nombreuses sociétés, et c'est ce que l'on appelle en ethnologie les "rituels d'affliction". Hell (1999) a d'ailleurs montré qu'il est relativement fréquent de trouver des thérapeutes qui le sont devenus par suite d'une maladie : c'est l'expérimentation personnelle de la maladie qui rend légitime la démarche de soins.

Généralement guidé par une recherche d'efficacité thérapeutique, le **recours à la médecine traditionnelle** et aux guérisseurs concerne 60 à 90% de la population. Les critères influençant le recours aux guérisseurs sont le sexe (les femmes s'adressent un peu plus aux guérisseurs que les hommes), l'âge (chez les moins de quatre ans et les plus de soixante ans, le recours est faible, sans doute par peur d'un remède trop fort), le niveau d'éducation[58] et il convient également de prendre en compte le niveau économique (c'est d'ailleurs le critère le plus significatif dans le recours à la médecine moderne) observé par la possession ou non de la radio[59], et l'appartenance religieuse (les protestants ont plus recours aux guérisseurs que les catholiques, contrairement à ce que l'on serait tenté de croire, ceux-ci s'orientant de préférence vers les *oungan*).

Concernant la question du recours à la médecine dite "traditionnelle", il existe une croyance selon laquelle il s'agirait d'une médecine utilisée à défaut, parce qu'il n'y a rien de mieux, et parce que la biomédecine n'est pas encore présente partout. On constate en effet une dépréciation de la médecine traditionnelle, notamment parmi les pratiquants de la

58- Bien que le "pourcentage soit presque égal de familles lettrées et illettrées qui ont recours aux soins des guérisseurs. Dans les familles où il n'y a que des illettrés, il y a un plus fort pourcentage de personnes qui s'adressent seulement aux guérisseurs. A l'inverse, dans les familles plus lettrées, la proportion de soins exclusifs de la médecine moderne est plus grande. Mais la différence n'est pas importante entre illettrés et lettrés" (Clérismé, 1981 : 87).

59- Quelle peut être l'influence de la radio dans le choix de la thérapie ? Les familles possédant la radio utilisent un peu moins les guérisseurs que les autres [on peut à cet égard faire référence à l'émission diffusée pendant quelques temps, l'émission de Radio-Docteur] En fait, ce n'est pas la radio en elle-même mais surtout la possession d'une radio qui est révélatrice d'un niveau économique. C'est donc peut-être plutôt à l'économie qu'il faut attribuer ce fléchissement de la médecine traditionnelle au profit de la médecine moderne.

biomédecine et de certaines personnes issues des couches sociales favorisées. Mais on peut alors se demander pourquoi la médecine traditionnelle est omniprésente et toujours "vivace" ? Pour certains, sa "résistance au temps témoigne de son efficacité", alors que pour d'autres, c'est par manque d'accès aux soins médicaux. Bien que la vision de la médecine traditionnelle ait quelque peu changé - dans la mesure où la biomédecine est de plus en plus présente -, elle est privilégiée dans le traitement de certaines maladies , il arrive même que "certains expliquent le recours à la médecine traditionnelle par l'insatisfaction des soins prodigués par la médecine conventionnelle" [notamment pour les accouchements]. D'autres l'attribuent aux limites de la médecine conventionnelle à pouvoir traiter certaines maladies ainsi qu'aux croyances populaires. Une distinction est d'ailleurs faite par les médecins officiels à propos de la prévention et de la prise en charge; la biomédecine "tolère" la médecine traditionnelle seulement en ce qui concerne la prévention. Sur cette question, on constate de nombreux enjeux autour de la légitimité de la pratique médicale, la médecine traditionnelle étant souvent dépréciée [mon travail n'étant pas ici de la revaloriser] et ses aspects négatifs énumérés : "Ignorance des actions médicamenteuses, dosage et toxicité, manque de connaissances sur les méthodes de prévention et immunisation, manque d'hygiène" (Clérismé, 1981:33). Le plus souvent, la médecine traditionnelle intervient au début en prodiguant les premiers soins et en dernière instance surtout quand la médecine conventionnelle n'y peut rien (Clérismé, 2003). A l'instar d'autres pays, les deux types de médecines cohabitent et ne sont pas utilisées dans la même optique, ne répondent pas aux mêmes besoins. En situation de pluralisme médical (Benoist, 1996), les malades consultent alternativement toutes sortes de thérapeutes, et ils envisagent les soins que ceux-ci dispensent de façon complémentaire. Le système médical haïtien est en effet composé essentiellement de deux branches, révélatrices de tendances fortes développées ci-après.

L'**origine culturelle des pratiques thérapeutiques et/ou religieuses des Haïtiens**, européenne ou africaine, va être abordée ici, non pour chercher à répondre de manière définitive à la question, mais pour mettre à jour les enjeux implicites à cette question. Certaines idées sont sous-jacentes à de nombreux écrits portant sur les représentations de la maladie, la médecine traditionnelle ou le vodou. Il existe un préjugé très ancré concernant la culture haïtienne, un stéréotype qui renvoie constamment les pratiques et représentations à l'origine africaine dont les esclaves sont issus. Cette idée révèle le plus souvent des enjeux idéologiques qui mettent en exergue les divergences d'opinion relatives aux connaissances historiques. Encore aujourd'hui[60], il existe une tendance lourde à "africaniser" le peuple haïtien, instaurant un continuum entre l'Afrique et Haïti. Cette perspective envisage un parti-pris selon lequel la culture populaire haïtienne ne sera regardée qu'à travers les mirages du vodou, de la sorcellerie, de l'africanitude ou de la négritude, "afin de pouvoir la peindre sous les traits d'un concentré de "primitivité" qui, de l'Afrique ancestrale à la modernité duvaliérienne, ne se serait conservée jusqu'à nous que pour que nous puissions tout à la fois nous en scandaliser et en tirer amusement" (Ans, 1987 : 232). Cet auteur en arrive finalement à la conclusion qu'Haïti n'est reconnaissable en tant qu'africaine que par l'origine physique de sa population. Si Haïti et l'Afrique (qui n'est pas un pays…) sont sur un point comparable, c'est au travers du regard que l'on porte sur eux, sur les sociétés dites "traditionnelles", considérées hors du temps, "a-historiques", exemptes de tout changement. Car le regard extérieur distingue deux aspects - moderne et traditionnel - et tout ce qui n'est pas moderne, à l'occidentale, est traditionnel. Ce processus renvoie à ce que Olivier de Sardan (1995 : 65) a également constaté en Afrique : "Tout ce qui en Afrique ne relève pas du secteur considéré comme moderne - au sens le plus occidental du terme - est automatiquement imputé à la traditionnalité africaine et renvoyé à une sorte de cliché de l'Afrique ancestrale qui surnagerait plus ou moins dans les tourmentes contemporaines. Tout ce qui, dans les domaines qu'on dit pourtant "modernes" (l'État, l'Université, les services techniques) ne correspond pas à ce que l'on pourrait appeler la modernité occidentale, économique ou politique, est également imputé à des survivances de type culturel qui renverraient, au-delà des apparences modernes, à ce même vieux fond patrimonial". Ce processus d'essentialisation de la population rurale dans la tradition revient à "l'enfermer dans un quant à soi" (Hurbon, préface de l'ouvrage de Barthélémy, 1989). Cette vision statique de la tradition - culture- de la paysannerie a pour corollaire une croyance selon laquelle le groupe est homogène et se perpétue tel quel dans le temps. Si de telles sociétés existent quelque part, à savoir les sociétés traditionnellement fixes, la paysannerie haïtienne ne compte pas dans leur nombre (d'Ans, 1987).

Au contraire, les "conduites traditionnelles", loin de représenter des "survivances sclérosées"[61], constituent "des stratégies qui peuvent adopter

---

60- Ce fut remarqué lors d'un Colloque à l'École des Hautes Études en Sciences Sociales de Paris, intitulé "La révolution haïtienne au-delà de ses frontières", en juin 2004.

61- A cet égard, le passé des recherches ethnologiques en Haïti a sa place dans ce processus, étant donné que cette discipline s'est construite et institutionnalisée lors des grandes invasions coloniales. Ans (1987 : 312) va jusqu'à parler d'un pays "malade de l'ethnologie", car il est le seul à s'être pourvu, en la personne de François Duvalier, d'un président-ethnologue. Pour lui, il faudrait que le pays "échappe un jour à l'ethnologisme, c'est-à-dire à cette illusion de croire que les solutions de son avenir se trouvent cachées au dedans de lui-même, dans les profondeurs de la race et les entrailles de sa tradition, de sorte qu'il suffirait d'aller repêcher ce passé pour qu'il livre automatiquement les clefs de l'avenir".

des formes archaïques pour affronter de façon plus efficace les menaces que la vie moderne fait peser" (Bernand, 1985). On semble pourtant occulter le fait que l'innovation, le syncrétisme, les emprunts se sont faits de manière constante car "la règle, en ville comme dans la brousse la plus éloignée, c'est la transformation, l'adaptation, le changement" (Olivier de Sardan, 1995 : 64). Il s'agit donc d'effectuer une anthropologie critique qui prend une première distance par rapport à cette notion de "globalité". Critiquer l'essentialisme revient à considérer la culture haïtienne, non comme une substance, mais comme un "champ de variance" entre deux extrêmes, tradition et modernité. L'étiquette "traditionnel" appliquée à des croyances a le pouvoir de jeter un voile sur leur passé et les institutionnaliser comme symboles auxquels s'identifier. En conséquence, pour de nombreux anthropologues, une tradition ne doit pas être traitée comme un héritage du passé, mais comme une pratique présente. Une tradition est, selon Lenclud (Détienne, 1994) "un morceau de passé taillé à la mesure du présent".

Qu'entend-on finalement par **médecine dite traditionnelle** ? Définie de façon négative, elle se compose de thérapeutes qui possèdent une formation empirique et expérimentale non basée sur un corpus scientifique. Toute personne qui soigne des gens malades et qui n'a pas été formée par la médecine occidentale est incluse dans ce domaine. Les caractéristiques épistémologiques de la médecine "traditionnelle" sont l'empirisme et le symbolisme. Empirisme au sens d'une expérimentation pragmatique, et on peut distinguer là deux formes d'empirismes. Un premier, analogue à celui des premiers cultivateurs fonctionne par essais et erreurs, et un autre, l'empirisme du social, associé à une "gestion du social, de la connaissance des relations de l'individu avec son entourage, avec ses projets de vie" (Benoist, in Lévy, 2000:195). Symbolisme par sa référence aux codes culturels du vodou ou d'autres cultes religieux pour définir la personne dans sa relation à elle-même, au monde, aux esprits et à Dieu. Nous avons vu auparavant que cette catégorie de "médecine traditionnelle" comprend un ensemble non homogène de thérapeutes, variés tant dans leurs discours que dans leurs pratiques. Comme toute catégorisation, on ne peut utiliser ce terme que comme modèle, par définition réducteur, à savoir une conceptualisation qui ne reflète que grossièrement la réalité. Pour ma part, le terme de guérisseur me semble mieux adapté que celui de tradi-thérapeute ou tradipraticien[62]. Car la

62- Pour Olivier de Sardan (1995:65) : "Ne parle-t-on pas significativement avec l'OMS de "tradi-praticiens" pour désigner les "guérisseurs" africains ? Or les itinéraires thérapeutiques préconisés par ces tradi-praticiens, comme les savoirs sur lesquels ils s'appuient, n'ont pour une bonne part rien de "traditionnel". Sans pour autant être "occidentaux", ils ont considérablement évolué depuis le XIXème et la conquête coloniale". Ce terme reflèterait à lui seul une vision essentialiste de la tradition qui considère que connaissances et pratiques médicales sont figées dans un passé originel.

tradition d'un pays ne forme pas un tout homogène, à l'instar de la culture, les modifications sont nombreuses, visibles ou invisibles, la transformant au fil du temps, et les différents membres d'une population ne sont tous au même degré représentatifs de cette "tradition". Quant à elle, la **médecine dite moderne** renvoie à tout un corpus théorique fondé sur une méthode scientifique. On peut donc la considérer comme porteuse d'une tradition culturelle spécifique au monde occidental. Certes, elle connaît un succès certain, notamment dans la lutte contre les maladies endémiques et épidémiques, et ses "performances" lui ont conféré une position d'autorité en matière de développement de la santé. L'entrée de la médecine occidentale s'est effectuée de manière consubstantielle au transfert des codes fondamentaux de la culture et des technologies. Parce que celles-ci relèvent d'une "tradition culturelle médicale", son entrée dans la culture haïtienne, ou plutôt sa mise en contact, dépendante de rapports sociaux et politiques plus larges, relève d'un processus d'acculturation. Celui-ci correspond à l'étude des changements culturels résultant du processus d'adaptation et d'insertion d'un groupe social donné dans un environnement nouveau ou en transformation (Houtart & Rémy, 2000). Cette acculturation doit prendre en compte plusieurs niveaux de temporalité, dans la mesure où la "tradition locale", à savoir la médecine "créole", n'est vieille que de quelques siècles. Les différentes pratiques médicales développées par la culture créole sont le résultat d'une appropriation de techniques et d'une représentation de l'anatomie et de la maladie qui a eu cours en Occident avant l'ère "moderne". A propos de la genèse de cette médecine, il est d'ailleurs intéressant de se questionner sur ses dimensions culturelles, comme l'a fait Ans (1987) montrant que la médecine haïtienne créole aurait bien plus emprunté aux référents occidentaux qu'aux connaissances et pratiques issues des sociétés africaines d'où provenaient les esclaves. L'essentiel de la théorie populaire haïtienne du corps et de la maladie procède ainsi de la médecine hippocratique et la médecine des humeurs de Galien (Allman, 1983), en se réalimantant durant le XIXème siècle[63] par des sources écrites ésotériques (le Grand Albert et le Petit Albert notamment) dont on trouve encore aujourd'hui des exemplaires entre les mains des paysans Haïtiens, argument d'ailleurs en faveur d'une absence de séparation entre médecine populaire et magie.

En Haïti, on peut donc qualifier la **médecine traditionnelle**,

63- Et encore aujourd'hui ? On peut d'ailleurs se demander en quoi certaines pratiques médicales créoles seraient susceptibles de constituer un champ "néo-traditionnel" qui se construirait dans une relation dialectique avec la biomédecine, autant dans ses pratiques que dans ses représentations. Suite au constat de la présence simultanée de ces deux médecines sur le terrain haïtien, il paraîtrait intéressant d'approfondir cette question en fait reliée à la dimension temporelle de la tradition, et aux transformations constantes dans un société où les changements sont imposés par la mise en présence forcée de personnes d'origine diverses. Les enjeux actuels liés aux phénomènes de globalisation, et à la rapidité croissante des échanges, constituent-ils un dynamisme radicalement nouveau aujourd'hui en Haïti ?

caractérisée par une démarche empirique et symbolique et issue d'un syncrétisme médical entre plusieurs traditions africaines et européennes, de "**créole**". Employer le terme "traditionnel" empêcherait les Haïtiens de penser les deux médecines de façon simultanée, la médecine moderne serait orientée vers un devenir, alors que la médecine traditionnelle se verrait enracinée dans le passé (Tremblay, 1995). Dans cette perspective, on aurait affaire à une sorte d'incompatibilité temporelle qui servirait de légitimation conceptuelle à la subordination de la médecine créole par la médecine moderne. Cette subordination d'une médecine par l'autre se retrouve dans les politiques de santé en Haïti, excluant ainsi toutes formes de complémentarité, de juxtaposition ou de coordination entre les deux. Cette interprétation faite par Tremblay (1995) envisage le fait qu'une telle catégorisation (moderne/traditionnel) empêche de saisir les transformations de ces médecines. Là où le terme "créole" prend tout son sens, c'est dans la faculté de cette médecine, comme du vodou d'ailleurs, à l'"agglutination". Pour Tremblay (1995), c'est son art des mélanges comme dispositif d'adaptation qui révèle une habileté d'appropriation de la culture créole. De plus, la médecine créole haïtienne n'est aucunement institutionnalisée, aucune instance ne la contrôlant, ce qui laisse la place à un "pullulement des formes mystiques de thérapies" (Tremblay, 1995:194). Pour Cuche (1997), l'acculturation n'est pas un phénomène occasionnel, secondaire, ni récent dans l'histoire dans l'histoire des sociétés humaines. Il s'agit plutôt d'un phénomène universel et constitutif des cultures. Il n'y a pas, par conséquent, d'un côté les cultures "pures" et de l'autre les cultures "métisses". Toutes sont à des degrés divers "mixtes".

Conflits au sein du système médical

À propos de la distribution des soins de santé, on peut dire que "la répartition des structures sanitaires en Haïti est le reflet de l'implantation de la biomédecine à travers les pays du Tiers-Monde" (Taverne, 1991:24). En effet, la plupart des structures biomédicales sont concentrées dans Port-au-Prince, les régions rurales n'ayant qu'un minimum de personnel médical et paramédical.

Pour une large part, l'**accès à la biomédecine** est limitée par un critère géographique : l'éloignement de certaines populations des centres de santé est parfois important, du fait de l'absence quasi généralisée des axes de circulation dans certaines régions du pays. Le secteur biomédical est difficile d'accès du fait de son extrême centralisation. L'Hôpital Général et les Hôpitaux de référence sont situés dans les grandes villes, on trouve ensuite des dispensaires et des centres de santé dans les petites villes, mais les campagnes sont généralement dépourvues de médecins. Ce manque de structures médicales explique en partie le faible recours à la biomédecine. Les médecins sont concentrés à la capitale, et la plupart d'entre eux travaillent à leur compte dans des cliniques privées, là où le coût des soins est exorbitant et sans commune mesure avec le budget d'une famille moyenne. Reflet fidèle de la société, la médecine en Haïti présente deux entités distinctes : le monde des riches et celui des pauvres.

D'un point de vue quantitatif, Haïti manque d'établissements de santé, de structures et de personnel médicaux. L'éventail des services offerts à la population rurale de manière générale est d'une extrême pauvreté et "cette pauvreté contribue à détériorer les conditions de santé de ceux qui y vivent" (Doura, 1995 : 270). Il faut également prendre en compte le fait qu'il y a une pénurie aiguë de médicaments, et que les coûts des soins et des médicaments ont tendance à augmenter. A ce sujet, mon expérience personnelle illustre cette question. Alors que je m'étais blessée au mollet (brûlure au troisième degré), et que l'infection commençait à être sérieuse, je connaissais devais acheter des compresses, du sérum physiologique (NaCl) ainsi que des gants stériles pour faire des pansements. Sur les conseils d'une amie, je fis "le tour" des pharmacies ouvertes ce jour-là, aux abords de l'Hôpital Général de Port-au-Prince, afin d'acheter ce dont j'avais besoin. N'étant pas financièrement à l'aise, je comparai les prix et constatai que, d'un endroit à l'autre, les prix passaient du simple au double pour un même produit. Dans ce cas précis, j'attribuai cette différence à un "délit de faciès", les réactions des vendeurs différaient selon leurs conceptions des potentialités de mon porte-monnaie.

De la part des médecins, on ne peut que constater une dévalorisation certaine de la médecine traditionnelle. Le médecin n'a pas une place neutre dans le système de représentations car il est souvent perçu comme représentant de la strate sociale supérieure, l'haïtien "moyen" - au sens sociologique du terme - ne se sentant pas vraiment à l'aise avec lui. "Le médecin est placé au sein d'un spectre de recours thérapeutiques bien plus vastes qu'il ne l'imagine. Se concevant comme le seul compétent, appartenant à un système qui exclut le recours à tout autre, il nie ces autres recours. Leurs échecs techniques le frappent, sans qu'il prenne lui-même conscience de ses propres échecs qui portent sur un niveau auquel il n'est pas sensibilisé, qu'il s'agisse de la prise en charge hautement personnalisée du malade dans son contexte social et familial ou de la pénétration et de la manipulation de son univers symbolique. Mais le malade, lui, est sensible à ces carences"[64]. Un médecin dans le Sud d'Haïti considérait que les guérisseurs, sans pour autant nier une certaine efficacité thérapeutique, devaient restreindre leurs pratiques à la prévention, car le domaine curatif

64- Benoist, "Médecins, malades et guérisseurs dans une société polyclinique" : 44-45, Centre de Recherche Caraïbes, Martinique.

devait être réservé aux médecins officiels. Mais que peut faire une population rurale malade qui ne dispose que d'un médecin pour 40.000 habitants ? Du point de vue des malades, le discours est différent, et les argumentations en faveur de la médecine moderne découlent généralement de facteurs socio-économiques et culturels. Ce qui se passe en Haïti dans ce domaine peut être comparé à l'implantation de la médecine occidentale en Afrique. Certes, la biomédecine est très demandée par les malades, car elle bénéficie de la valorisation des savoirs et techniques occidentaux. Lorsqu'ils peuvent y accéder financièrement et géographiquement, à un certain niveau de leur itinéraire thérapeutique, la biomédecine ne constitue pas encore tout à fait un "système de sens" alternatif aux systèmes de sens "traditionnels". La situation est paradoxale car, à l'instar de ce qui se passe "dans les campagnes africaines [la médecine occidentale est] très demandée comme itinéraire thérapeutique, bien que souvent hors de portée des populations rurales" (olivier de Sardan, 1995 : 135). La médecine occidentale n'est donc pas adoptée comme système d'interprétation totalement significatif (du moins dans les milieux populaires), et laisse le haut du pavé aux modes d'interprétation dominants dans les cultures locales.

Les relations entre médecine traditionnelle et biomédecine sont complémentaires au niveau des pratiques des malades, mais plutôt concurrentielles en ce qui concerne les thérapeutes. Si la distinction ne s'élabore pas au niveau des soignés, elle est par contre présente chez les soignants, et plus précisément chez les thérapeutes du domaine traditionnel et biomédical. Le plus souvent, le discours des médecins sur leurs "concurrents" est négatif; pour eux, les malades se rabattent vers les guérisseurs seulement parce que le pays ne dispose pas suffisamment de médecins officiels. Comme je l'ai déjà vu dans l'étude des itinéraires thérapeutiques, et ceci bien que certaines maladies amènent indubitablement les patients vers une thérapeutique particulière, les malades peuvent faire appel de façon complémentaire, plutôt qu'antagoniste, à deux ou trois branches du système médical. Pour l'individu malade, il se voit parfois renvoyé d'un médecin à l'autre, sans qu'aucun suivi n'existe entre les différents thérapeutes.

Relativement asymétriques, ces deux bipolarités de la médecine[65] ne renvoient pas à une même conception de la maladie. Et là où cette dualité est pour le moins révélatrice, c'est au niveau des savoirs. La vision asymétrique qui régit cette distinction ente médecine traditionnelle et

65- L'étude de la bipartition s'effectue ici au niveau de la médecine, et elle peut être mise en parallèle avec les éléments fondamentaux de la société coloniale mis en avant par Benoist (in Lévy, 2000 : 67) : "La bipolarité majeure qui écartèle la société entre un groupe dominant, détenteur des pouvoirs sur la terre et sur les gens, et une masse de prolétaires ou de paysans qui dépendent largement de lui, bipolarité sociale qui est redoublée par une bipolarité raciale".

médecine occidentale peut s'expliquer en extrapolant sur une dichotomie fréquemment employée entre savant et populaire (ou profane); selon cette conception, le *Kout Poud*, à travers la référence implicite à la médecine traditionnelle, ferait appel à des représentations populaires qui permettraient d'interpréter les pratiques et de les rendre signifiantes. Sous forme idéal-typique, Olivier de Sardan (1995:72-73) distingue trois aspects de ces représentations populaires : (i) les représentations populaires communes, quotidiennes et banales, au niveau de la perception normale, c'est-à-dire socialement construite de la réalité quotidienne, (ii) les représentations populaires spécialisées qui sont inégalement mobilisées selon le contexte (celle des guérisseurs par exemple), autrement dit des réserves de sens préprogrammées, qui ne sont pas nécessaires pour les interactions habituelles, (iii) et les représentations populaires sectorielles, c'est-à-dire communes à des groupes particuliers, propres à une "sous-culture". Cette tripartition permet de mieux comprendre la construction des représentations autour du *Kout Poud.*

Au cours des nombreux entretiens informels effectués au cours de l'enquête, je me suis aperçue que le *Kout Poud* était le plus souvent relégué au rang de croyances populaires, c'est-à-dire quelque chose de "fantasmatique" lié à l'imaginaire haïtien. Pour des intellectuels en effet, cette pratique renvoie purement et simplement à une illusion, à des pratiques courantes mais dénotant du caractère crédule des Haïtiens. En élargissant cet aspect des représentations liées au Kout Poud, on se rend compte que ce sont les jugements récurrents lorsque l'on parle de "pratiques superstitieuses". Une première distinction, certes sommaire, et qui n'a de sens que sous forme d'idéal typique opposera d'un côté les représentations "savantes" et de l'autre les représentations "populaires".

Il ressort du Colloque "Santé en Haïti" que la majorité des professionnels organisent le développement de la santé avec la perception que les populations visées sont ignorantes et médicalement démunies. C'est le paradigme de la "cruche vide" qui revient à considérer que les Haïtiens sont dénuéEs de connaissances en matière de santé. Or en Haïti deux traditions médicales cohabitent depuis le début de la colonisation. Les savoirs populaires sont "variables, multiples, hétérogènes, et inégalement répartis, selon le sexe, l'âge, le statut, le milieu social proche, la trajectoire personnelle" (Olivier de Sardan, 1995 : 145), et on omet souvent leur caractère évolutif. Loin d'être statiques, ils offrent une tendance permanente au syncrétisme. Mais il existe également une vision essentialiste de ces savoirs populaires ; ils sont alors appelés "croyances", et on serait tenté de penser, dans une vision manichéenne des choses, que les connaissances biomédicales sont des savoirs scientifiques à portée universelle et que c'est le médecin qui serait appelé à détruire les pratiques superstitieuses des campagnes.

Cette dualité est fortement présente au sein des représentations médicales, mettant en opposition ceux qui, d'une part, possèdent les connaissances véridiques, avérées scientifiquement, et "les autres", ceux qui ne font que croire, et dont les savoirs sont futiles voire inexistants. A cette tendance nihiliste des savoirs populaires les rendant futiles, est opposée une tendance à la sur-systématisation de ces mêmes savoirs, tendance présente au sein de l'anthropologie notamment[66], allant parfois jusqu'à une "idéalisation du mode de vie du paysan" (Barthélémy, 1989).

Le *Kout Poud*, révélateur du social

Si le thème des conflits entre représentations médicales a été ici retenu, c'est parce qu'il illustre les divergences d'opinion qui existent autour de l'existence du *Kout Poud*. Il a en effet été intéressant de constater au fur et à mesure de mes recherches que ces différences sont le plus souvent fonction du milieu social d'origine. A l'instar des avis qui ressortent lorsque l'on parle du vodou[67], on peut avancer l'idée suivante : Dis-moi ce que tu penses du *Kout Poud* et je te dirai qui tu es.... Ce thème ne sollicite que rarement de l'indifférence, un avis neutre, sans jugement. Pour le sens commun, il s'agit d'une invention, d'une illusion, d'un fantasme tout droit sorti de l'imaginaire. Généralement, l'énoncé de mon sujet d'étude impliquait une prise de position. Et derrière ces positionnements se trouvait en filigrane la question suivante : le *Kout Poud*, réalité ou imaginaire ? Superstition ou pratique efficace ?

Ces positionnements récurrents illustrent les deux biais existant lorsque l'on s'intéresse au *Kout Poud* : rationalisme et symbolisme. D'une part, la tendance à expliquer de manière rationnelle un phénomène qui emprunte pourtant à un registre symbolique (en ce sens, le *Kout Poud* a ses raisons que la raison ne connaît pas), et d'autre part le penchant inverse selon lequel ce thème ne relèverait que d'aspects mystiques, surnaturels que la méthode scientifique ne pourrait dévoiler et vérifier, omettant ainsi l'altération biologique chez le malade.

La vision dépréciative de la médecine traditionnelle, étendue à la

66- "Les savoirs techniques populaires ne font pas nécessairement "système", et sont loin d'être toujours sous-tendus par une "théorie" indigène intégratrice. Largement fondés sur l'expérience personnelle, ils sont souvent agglutinatifs et flexibles, sans prétention explicative à longue ou moyenne portée. Les approches anthropologiques, en quête de "systèmes de savoirs", risquent en conséquence en permanence de "sur-systématiser" les savoirs populaires" Olivier de Sardan, 1995 : 146.

67- Selon Hurbon, il suffit de demander aux gens ce qu'ils pensent du vodou pour connaître leur position sociale : grossièrement, "dis-moi ce que tu penses du vodou et je te dirai qui tu es". Bébel-Gisler et Hurbon, 1975 : 117 : "Demander à un Haïtien ce qu'il pense du Vaudou, comme du créole, c'est le porter à dévoiler non seulement ses positions de classe, mais aussi sa vision politique, sa conception de la lutte politique et sa vision de la société haïtienne". Car, encore actuellement, la pratique du vodou est mal considérée et qualifiée, à l'extrême, de "système cosmologique absurde", Bellegarde Dantès, cité par David Nicholls in FERRO Marc (dir.), 2003, *Le livre noir du colonialisme, XVIème -XXIème : de l'extermination à la repentance* : 232. Paris, Robert Laffont.

vision que beaucoup de gens ont des pratiques des Haïtiens en général, illustre ce que je pourrai appeler le phénomène d'"identité négative". Peut-être plus présent dans les villes, et notamment à Port-au-Prince où la présence de référents issus du "monde occidental" est plus importante que dans les campagnes, ce phénomène me paraît important à signaler. En effet, parler avec unE HaïtienNE de ses pratiques médicales et de ses conceptions de la maladie renvoyait à plusieurs questionnements de la part de mes interlocuteurs : tout d'abord, "pourquoi une "blanche" s'intéresse à ça ? C'est soit pour "voler" nos connaissances, soit pour les valoriser, soit pour les réfuter… Si ce n'est pas pour voler nos connaissances, que va-t-elle en faire ? Deux catégories de personnes sont à différencier, ceux issues du milieu paysan qui ne voyaient pas tout de suite l'intérêt de telles recherches, et qui étaient méfiantes au début, et celles issues généralement d'un milieu urbain qui pensaient que l'objectif était de convaincre ces paysans "crédules" de la "bêtise" de leurs pratiques. Je force ici le trait pour montrer à quel point les pratiques thérapeutiques, souvent liées à la religion vodou, et donc celles des *oungan/mambo*, sont dépréciées, et leur efficacité souvent suspectée. Mais cette dévalorisation n'est pas générale[68], car il ne faut pas oublier que la médecine traditionnelle est très sollicitée. N'assiste-t-on pas à une tendance à la biomédicalisation qui entraîne une vision négative des pratiques dites traditionnelles dans l'esprit de nombreux Haïtiens.

A cette vision négative, s'ajoute de façon parallèle un processus d'**inversion symbolique** du pouvoir social qui "consiste à attribuer aux groupes ethno-culturels occupant les échelons les plus bas de la hiérarchie sociale les pouvoirs thérapeutiques les plus élevés" (Taverne, 1993), c'est-à-dire une valorisation symbolique inversement proportionnelle à leur statut social. Dans le cas haïtien, il s'agit d'une personne socialement dévalorisée (le paysan) à qui on reconnaît des vertus thérapeutiques extraordinaires. *Moùn nan mòn, yo toujou konnen plis remèd fèy ki moùn nan vil, se pa menm bagay* (Les gens des mornes connaissent toujours plus de remèdes à base de plantes que les gens des villes, ce n'est pas la même chose). Pour illustrer ce propos, je prendrai le cas d'un *oungan* spécialiste du *Kout Poud*, qui habite dans un morne au Sud Ouest d'Haïti, à 8 heures environ de Port-au-Prince (en prenant un bus puis un pick-up, et en marchant une heure dans les mornes). Ce thérapeute reçoit des gens qui viennent spécialement de la capitale pour se faire traiter. Cet homme n'est pas pauvre (il a une maison et ses enfants vont à l'école) mais il n'est pas

68- Elle a tout de même de nombreuses conséquences, notamment au niveau de la collaboration qui pourrait exister entre médecines, bien que des tentatives surgissent, notamment au niveau de la mise en place de formations par le Service Oecuménique d'Entraide (SOE), de recherches effectuées sur les connaissances locales (excepté l'enquête Tramil par exemple), de réunions de guérisseurs organisées par des médecins (à Aquin par exemple).

spécialement riche, il n'a pas le pouvoir que certains *oungan* possèdent, et pourtant, on vient le voir de très loin pour se faire soigner. L'inaccessibilité géographique jouerait-elle dans le sens d'une attribution positive aux pouvoirs thérapeutiques de ce *oungan* ? Cela donnerait-il un "crédit thérapeutique" à cette démarche, la rendant de fait plus efficace ?

Chapitre 3 :
Aspects socio-culturels et religieux du *Kout Poud*

A l'heure actuelle, on assiste à une interaction constante, ou plutôt une mise en place simultanée des pratiques thérapeutiques et des pratiques rituelles. Autrement dit "le temps des rites et le temps des soins se confondent" (Olivier de Sardan, 1995 : 150). Séparer de façon abrupte la médecine de la religion amène bien des fois à des apories qui freinent les possibilités de compréhension. Mais toutes les pratiques thérapeutiques ne contiennent pas pour autant l'implication d'agents surnaturels, et la présence de lwa. Selon les thérapeutes, généralement ceux qui ne sont pas *oungan/mambo*, les connaissances phyto-thérapeutiques, ou savoirs techniques populaires, n'incorporent pas en eux-mêmes des opérations de type magico-religieux, mais il est tout de même impossible de faire la part du "technique" et du "magico-religieux". La limite entre savoirs et pratiques religieux et/ou médicaux ne peut être fixée de façon arbitraire et, lorsqu'une frontière existe, c'est dans un souci de catégorisation. Celle-ci découle généralement de la volonté d'individus, souvent extérieurs à la société étudiée, de schématiser et donc de différencier le registre magique et/ou religieux du domaine médical. Entre religion et médecine, la frontière est fluide, mobile. Dans de nombreuses sociétés, existent des définitions "émiques" - ou plutôt endémiques ? - de ces catégories, différentes de celles énoncées officielles.

D'une manière générale, sur le plan individuel, de nombreux rites religieux tournent autour de la santé, de la maladie et de la mort . La relation réciproque qui existe entre religion et médecine/maladie se situe à tous les niveaux : conceptions de la maladie et de la médecine, explication de la maladie, catégories nosologiques, rituels de guérison, stratégies et itinéraires thérapeutiques, etc.... A l'instar d'Olivier de Sardan, on peut parler de "dispositifs médicaux-religieux", afin de mettre en avant la réciprocité existant entre ces deux domaines, se réalisant en quelque sorte en-dehors des individus. Ces aspects sont parfois séparés dans notre "conception occidentale" (de la même manière que peuvent l'être le corps et l'esprit) de la médecine, alors que l'étude du système médical ne peut se départir d'un questionnement sur l'autonomie plus ou moins grande qu'il possède à l'égard du magico-religieux, et de leurs interactions. Parlons plutôt ainsi de "dispositifs de savoirs et pratiques thérapeutiques et religieux". Il est en effet nécessaire de s'interroger sur la validité de la distinction entre médecine et religion, et faire sienne l'idée que, "dans bien des sociétés, la médecine est une religion appliquée" (Benoist, in Lévy, 2000 : 170). L'étude de la relation entre la médecine et le religieux amène ainsi à renoncer à considérer la religion, au même titre que la médecine, comme un tout monolithique, un ensemble homogène. Chaque religion, et chaque médecine, quelque soit sa structure (centralisée ou décentralisée) ou la nature de son message est plurielle dans ses formes, ses interprétations, ses pratiques, ses autorités.

Religion et culture

Cette troisième partie est donc consacrée à une mise en contexte religieux, et donc social et culturel, nécessaire à une meilleure compréhension de la catégorie nosologique émique du Kout Poud. Pour comprendre le sens que les Haïtiens donnent au mal, il faut adopter un "cadre d'analyse anthropologique autorisant le passage de l'anthropologie médicale à l'anthropologie religieuse, afin de relier "maladie et sacré", "médecine et religion", "guérison et salut" " (Gallibour, 2002:106). Si la conception de la maladie et l'approche thérapeutique sont en étroite relation, nous avons vu qu'elles contenaient, autant au niveau des représentations qu'à celui des pratiques thérapeutiques appropriées, de nombreuses références à un système symbolique issu pour grande part de la religion. Le processus d'interprétation de la maladie suppose une vision du monde, une "cosmologie dans laquelle les individus et les groupes, qu'ils soient soignants ou soignés, opèrent de manière consciente ou inconsciente des catégorisations et des diagnostics" (Gallibour, opp.cit.). La cosmologie qui influence les itinéraires thérapeutiques de beaucoup d'Haïtiens est celle du vodou[69].

Omniprésence du phénomène religieux

Il s'agira de montrer ici l'importance accordée au religieux, au surnaturel et au symbolique en général, au sein de la culture haïtienne, ou des différents pans de la culture. La référence à Dieu et la présence du religieux sont des faits constants en Haïti, et constituent d'ailleurs un des sujets de conversation fréquent. En effet, il suffit pour cela de tendre un peu l'oreille, et l'on retrouve dans la plupart des conversations l'expression

69- On peut d'ailleurs noter que les premières études sur la conception de la maladie et de la mort ont été effectuées par Métraux (1953) au sein d'une recherche sur la religion vodou.

suivante : *N'a wè demen si dye vle* (on l'entend également en français : "si dieu veut"). Un désir exprimé est toujours accompagné de "*si Dye vle*"[70]. N'étant pas moi-même d'une obédience religieuse particulière, et n'ayant pas eu d'éducation religieuse à proprement parler, mis à part une maigre connaissance des référents culturels judéo-chrétiens à l'œuvre en France, j'ai souvent été confrontée à des interrogations de la part de mes interlocuteurs : "*Nan kisa ou kwè ?*"[71]. Tentant d'expliquer ma position agnostique, certains cherchaient à me convaincre de l'existence de Dieu par tous les moyens, et je ne me suis jamais autant rendue compte à quel point une cosmologie largement religieuse investit de sens tous les recoins de la vie quotidienne. Certains sont d'ailleurs tentés de se demander si le recours au religieux ne constitue pas une sorte de "bouée de secours"[72] pour la population.

Bien que la tentation soit grande d'expliquer ainsi la présence du religieux, je pense qu'il n'est du ressort de quiconque de le faire : on ne peut que constater. Ce phénomène peut être mis en parallèle à la situation actuelle en France : non un retour du religieux car le terme de "retour" est trop connoté d'évolutionnisme, mais un développement croissant de multiples congrégations religieuses de toutes sortes. Alors que certains parlaient il y a quelques temps de "désenchantement du monde"[73], on assiste plutôt en Haïti à un réenchantement de l'histoire comme seul lieu où penser la possibilité du collectif. Le social (attaques magiques, postulat d'une "méchanceté" fondamentale de l'haïtien) comme le politique (manipulation des symboliques vaudous par le pouvoir séculier, réunions de croyants) font en fait l'objet d'un perpétuel réenchantement (Corten, 2001). La religion imprègne donc profondément la culture haïtienne, et cela s'est manifesté aussi bien au cours de l'histoire que dans le présent. Hurbon (2001) parle de "transversalité" du religieux afin de montrer sa prégnance dans tous les secteurs de la vie, du culturel au politique ou à l'économie, à tel point qu'il parle même du recul de la sécularisation en Haïti ces quinze dernières années.

70- Si cette expression fait référence de manière évidente aux croyances religieuses, elle peut également servir de "refus diplomatique". Je m'explique : lorsqu'un *flannè* (dragueur) m'a demandé quand est-ce qu'il pouvait me revoir, je lui ai répondu, croyant utiliser le formule consacrée, "demain si dieu veut", de façon anodine; il insistât alors pour que je lui donne une date précise, car pour lui, dire cela revenait à lui faire comprendre gentiment que je ne voulais pas le revoir ; ce qui revient, en somme, à l'expression utilisée en France "laissez votre adresse, on vous écrira" lorsque l'on postule pour un emploi et que le responsable veut clôturer l'entretien de façon commode, ce qui signifie que vous aurez peu de chances d'avoir de ses nouvelles.

71- En général, et par ordre chronologique, les premières questions concernaient mon statut matrimonial, puis la présence ou non de *ti moùn*, c'est-à-dire d'enfants, et enfin la croyance en Dieu...

72- Wargny (2004 : 171-172) va jusqu'à dire qu'"on ne se suicide pas en Haïti. On cherche refuge dans un compartiment qu'on connaît bien : le religieux. Et le religieux occupe toute la sphère mentale. Induit toutes les démarches politiques ou sociales".

73- "Le désenchantement du monde est la conception wéberienne selon laquelle la modernité serait définie par la fin de la primauté accordée à la religion, par l'échec actuel de sa référence comme instance "suprême". Mais on ne peut concevoir la fonction anthropologique de la religion limitée à son rôle social;

Réel et imaginaire

Citant Herskovits, Houtart et Rémy (2000:18) amènent l'idée selon laquelle tout phénomène étudié renvoie à des "relations d'interdépendance dialectique existant entre réel et idéel, entre société et culture". Ce qui est exprimé par une dialectique, c'est-à-dire une relation réciproque entre deux pôles, n'illustre pas de façon assez exacte le cas haïtien. Plus qu'une dialectique, il s'agit d'une omniprésence du symbolique dans la réalité haïtienne, laquelle peut être illustrée par le courant artistique qui s'est développé en Haïti sous le nom de "réel merveilleux"[74]. Ce terme fut défini par J.S.Alexis, lequel voulait mettre en avant la création d'une culture neuve, d'une culture empreinte de réalisme magique (Bastide, 1966:223). Le "réel merveilleux" renvoie à l'injonction de la pensée magique dans la réalité[75]. S'il est aisé, en apparence, de distinguer ces deux aspects dans certaines sociétés, le cas haïtien, est exemplaire par sa complexité. Réel et imaginaire se confondent en Haïti[76], et vouloir les étudier séparément mène à une impasse.

Et c'est là toute la difficulté lorsque l'anthropologie s'intéresse à ce genre de phénomène. En effet, m'étant moi-même intéressée au *Kout Poud*, ou intervention d'un acte magique ayant des effets sur les hommes, je me suis rendue compte de l'aporie résidant dans le fait de continuer à étudier cette question en se munissant uniquement de référents "occidentaux". Dans un tel contexte d'entremêlement constant entre le réel et l'imaginaire, l'énonciateur d'un discours sur la sorcellerie en Haïti s'expose à reprendre à son insu un langage déjà constitué. L'aventure de Favret-Saada (1975) dans le Bocage français aide à comprendre cette difficulté à "trouver le grain dans la paille" des discours sur la sorcellerie. En fait, le discours sur le *Kout Poud* n'est pas un mélange hétéroclite de réel et d'imaginaire, mais il s'enracine plutôt dans un imaginaire dont les effets dans le réel sont pour les individus indéniables. Giafferi (2003 : 420) va dans le même sens lorsqu'elle dit qu'"Haïti présente toujours un rapport de l'idéel au matériel tout à fait unique" car, au sein de la culture, il n'existe pas de conflit, au moins apparent, entre les deux, où il ne s'agit d'ailleurs pas de deux entités distinctes mais bien d'une intrication de l'imaginaire dans le réel. Une idée revient souvent au sujet de la situation en Haïti: étant donné la situation précaire - et c'est un euphémisme - que

le désenchantement du monde signifierait donc la fin du rôle social de la religion, mais pas la disparition de la croyance religieuse". Max Weber, "Le désenchantement du monde est l'élimination de la magie en tant que technique de salut", cité par Gauchet (1985).

74- René Dépestre disait à ce propos : "Je viens d'un pays où le Merveilleux n'est pas un élément savant, mais bien une des composantes historiques de la sensibilité et de l'ensemble de la culture même du peuple haïtien", in Barthélémy et Girault (1993 : 406).

75- Dixit Gary Victor dans une enquête du Magazine Littéraire, n° 431, mai 2004 : 98, dans un article intitulé "Écrire en Haïti".

76- Pour certains, et notamment un ami rencontré suite à ce voyage, les Haïtiens auraient une "prédisposition à l'imaginaire", découlant sans aucun doute d'habitudes culturelles

connaissent bon nombre d'Haïtiens, l'unique recours qu'ils possèderaient est l'investissement sur l'imaginaire. A cet égard, des études[77] faites sur la borlette (la loterie haïtienne) sont révélatrices car elles montrent que la seule issue possible pour de nombreuses personnes est cet investissement sur l'imaginaire, sachant que c'est le plus souvent "perdu d'avance". La borlette, constituerait ainsi un "échappatoire symbolique" (Barthélémy, 1989), illustrant cet investissement éperdu de l'imaginaire afin de répondre à la relative faillite des solidarités traditionnelles (Giafferi, 2003).

Lorsque l'on tente de comprendre les ressorts liés à l'existence d'un phénomène tel que le *Kout Poud*, on est enclin à vouloir différencier ce qui est réel (le vrai) de ce qui est imaginaire (le faux), mais cette approche ne mène à rien, car elle découle d'un système de pensée qui n'est peut-être pas en mesure de s'adapter à d'autres façons de voir, et de faire. Cependant, il faut également se prémunir du biais inverse qui consiste à adhérer totalement au discours énoncé, à se soumettre à une empathie absolue, d'où la capacité critique serait exclue. Donc, s'il ne faut pas succomber aux écueils "symbolicistes" qui chercheraient à tout expliquer par les logiques des représentations symboliques à l'œuvre en Haïti, il ne faut pas non plus les occulter en tendant vers une rationalisation excessive. Plutôt que de considérer ces recours au symbolisme comme de "pures fantaisies", il est intéressant de chercher à comprendre qu'"imaginaire du pouvoir et pouvoir de l'imaginaire se donnent plutôt d'un seul coup" (Hurbon, 1988:190). Il faut réussir à trouver un équilibre entre les deux approches, en cherchant peut-être plus à rendre compte des discours et à voir ce qu'ils sous-tendent, en matière de représentations, d'enjeux, et d'actes concrets. Benoist (in Lévy, 2000:200) disait à ce sujet que "le point de vue de l'anthropologue a ceci de spécifique que tout ce qui est dans la société qui l'entoure est la réalité".

Diversification biculturelle

Le spectacle des réalités culturelles Haïtiens sollicite l'esprit de l'observateur dans deux directions opposées. D'une part, une "occidentalité" indiscutable de la configuration générale de cette culture. Et d'autre part, une différence étrange, ou une étrangeté différente, qui apparaît au niveau du vécu quotidien. Chaque fois qu'un phénomène est étudié, c'est sous un angle bipartite. Que l'on conçoive la culture haïtienne comme un dualisme entre riches et pauvres[78], élite et peuple, entre

77- Et notamment un documentaire diffusé sur Arte en mai 2004 au cours d'une soirée thématique sur Haïti.

78- Parole du conseiller du Département d'État Robert Lansing selon laquelle il existait en Haïti "deux entités sociales distinctes", l'une représentant (selon ses propres termes) "la richesse et la culture", regroupant "à peu près deux pour cent et n'excédant certainement pas cinq pour cent de la population totale", tandis qu'en face " 95% ou plus de la population entière "constituait un monde rural complètement

occidentaux et créoles (Tremblay, 1995), entre créoles et bossales (Barthélémy, 1989) - le créole étant l'esclave arrivé le premier, celui qui a eu le temps de s'approprier quelques traits spécifiques au colon, celui qui est le plus en rapport avec le blanc, et le bossale est l'esclave "fraîchement débarqué" -, entre membres d'une culture orale ou écrite[79], on ne peut que constater le renvoi constant à une explication duale des phénomènes.

Bien que cette caractéristique ait tendance à diminuer, du fait d'une augmentation des relations entre les deux mondes, d'un "mouvement de translation", il m'a souvent été dit qu'en Haïti, il existe deux pays : celui de la ville - Port-au-Prince - et celui de la "province", des campagnes. Barthélémy parle du "pays en dehors"[80] afin de mettre en exergue le dualisme fondamental qui est constitutif de la société haïtienne, notamment à travers l'exclusion d'une majorité dans un "en-dehors" rural. Dans le cas d'Haïti, la population se définit comme un ensemble d'habitants ou *abitan*, formant ce qu'elle-même appelle la société du dehors, située hors de la ville. Reprenant l'hypothèse de Pierre Clastres dans *La société contre l'État*, selon laquelle les Yanomamis refuseraient toute accumulation de pouvoir sous forme d'État et auraient dès le départ conjuré toute tentative d'émergence d'une structure unificatrice du pouvoir, Barthélémy (1989:27) décrit la paysannerie haïtienne comme un "système autorégulé sans État et non pas contre l'État". On pourrait se demander dans quelle mesure l'absence de structures serait la conséquence d'un rejet conscient.

La population rurale en Haïti est importante et, même si l'exode rural augmente[81], du fait d'une très grande pauvreté de la majorité des paysans (en 1980, 80% des familles rurales Haïtiens vivaient en dessous du seuil de pauvreté), elle demeure encore actuellement majoritaire (environ 65% de la population). Le clivage ville/campagne est très fort, et la "réalité centre-périphérie n'est pas seulement un fait économique mais aussi une réalité culturelle. Haïti vit, aujourd'hui, une double expérience celle de l'intégration dans un projet néo-libéral mondial et celle de l'affirmation de son identité en tant que groupe humain spécifique, dans lequel les racines africaines jouent un rôle important" (Houtart et Rémy, 2000:20). On se

---

privé d'information - et a fortiori de tout pouvoir d'intervention - dans les affaires nationales" (Ans, 1987:204).

79- "Le simple face à face entre une culture écrite ayant son siège à la ville et une culture orale cantonnée dans les campagnes n'aurait en soi rien de bien original, ni encore moins de spécifique à Haïti. En revanche, ce que la confrontation de ces deux types de culture a de particulier dans le pays qui nous occupe, c'est qu'elle y met en présence deux modalités de culture d'origine également européenne, et où donc la culture écrite-urbaine ne peut nullement se prévaloir du privilège de l'occidentalité face à une culture rurale-agraphe que démarquerait le caractère "exotique" de sa tradition" (Ans, 1987:271).

80- Qui est une traduction littérale de *moùn andeyò*. "Le milieu rural n'a jamais cessé d'être défini et de se définir comme le pays "andeyò" (Barthélémy, 1989:58).

81- L'exemple de Cité Soleil, bidonville des abords de Port-au-Prince est un cas exemplaire de ce phénomène. Barthélémy et Girault (1993:12) estiment que la population s'est concentrée sur la capitale, passant de 140.000 habitants en 1950 à 1.200.000 habitants en 1990.

trouve alors face à une situation de diversification biculturelle. Et c'est à partir de ce postulat d'une double culture que Barthélémy développa par la suite le concept d'une opposition bossale/créole comme source des principaux conflits sociaux et culturels, ce qui a également été approfondi à travers la thèse d'une "auto-colonie", c'est-à-dire d'un colonialisme interne qui rend une majorité de la population soumise aux décisions d'une minorité. La culture haïtienne renvoie de manière peu contestable à un système de valeurs bipolaire, et ce bien que des spécialistes rejettent souvent cette dichotomie de la société haïtienne car elle leur paraît trop manichéenne. Leur argument est qu'une telle "emphase bipolaire" suggère, à tort, l'existence de deux "entités irréconciliables, au détriment de ce qui constitue le patrimoine commun" (Houtart et Rémy, opp.cit).

Face à cette approche bipolaire, voire "manichéenne", on peut se référer à Bastide (1967), lequel, à partir de l'étude des cultures noires des Amériques, admet qu'aucune culture transplantée ne peut rester identique à elle-même. Il convient en effet de considérer la culture comme un construit et non comme un donné, ce qui ne permet pas pour autant de conclure que chacun est libre de s'inventer une culture à la demande. Toute culture est une construction collective liée à des situations sociales concrètes dans lesquelles sont impliqués, indépendamment de leur volonté, ceux qui s'en réclament. La production de chaque culture est un phénomène relationnel, en grande partie inconscient. Et la question est de savoir si une création culturelle nouvelle est le résultat de la pression du milieu - en conséquence un processus exogène - d'un héritage - endogène - ou plutôt d'une convergence entre les deux.

La société haïtienne n'est pas à concevoir seulement en tant que "culture post-esclavagiste de reconstitution", expression connotée d'un certain réductionnisme ethnologique. Réappropriation et réinterprétation plus que seule recomposition, nous voici empreint de l'idée de création culturelle. Giafferi (2003:420) montre à ce sujet que les cultures Haïtiens, ou les cultures en général selon la perspective que l'on veut adopter, sont "des cultures originales, qui n'empruntent d'éléments aux cultures "matricielles" ou voisines qu'après les avoir d'une certaine manière "reconfigurées" à la mesure de leurs propres orientations" [82]. En ce sens, elles correspondent bien plus qu'à un "métier à métisser", expression empruntée à René Depestre, car "le travail de recomposition accompli dans les sociétés créoles commence véritablement dès la réception du

82- Dans *Éloge de la créolité* (Bernabé, 1989), la dynamique et la création culturelles sont valorisées dans la mesure où elles incitent à ne plus penser en terme de normes déterministes, de conventions figées : Là, les hommes jouent avec leurs normes, pour leur donner un sens pratique en fonction de leurs enjeux du moment.

"matériau" étranger". L'idée de bricolage, reprise à Lévi-Strauss, est pour le moins utile à la compréhension de ce qui se passe dans les pays caribéens car ils constituent finalement un défi pour nos schèmes de pensée. Il faudrait donc opposer à la dichotomie où l'on veut nous enfermer - survivance-adaptation, qui repose sur les concepts postulés de la "survivance cadavérique" et de l'adaptation créatrice - "la réalité vécue de la survivance adaptatrice" (Bastide, 1966:45).

Dans tous les cas, ce serait un tort que de vouloir expliquer des phénomènes complexes et variables par un unique facteur, car ce choix serait teinté d'idéologie. La perspective culturaliste est à cet égard critiquable[83] dans la mesure où elle cherche dans les faits sociaux leur origine culturelle. Cette diversification biculturelle élabore deux types de culture qui doivent plus être considérés comme des vecteurs tendanciels que des communautés réelles, fermées sur elles-mêmes. En ce sens, on ne peut continuer à parler de "biculturalisme" ou de "diglossie culturelle" à propos d'Haïti. Car, même dans une société fortement inégalitaire, "des passerelles existent et des emprunts se font, dans un sens comme dans l'autre, entre deux extrêmes sociaux plus que véritablement culturels"[84]. La culture haïtienne est surtout représentative d'une culture à deux vitesses, une "culture de Tiers-Monde" marquée par un écart énorme, et de surcroît grandissant, entre une minorité favorisée et une majorité défavorisée, et des relations entre un groupe dominant et un groupe dominé qui sont associés par des pratiques culturelles interchangeables[85] (même si l'interaction, hiérarchisée, est inégale).

A cet égard, le vodou est une religion évolutive, "vivante", et c'est à Bastide (1966:137-138) que l'on doit la définition suivante : Une religion sera dite "vivante", en plus de "vécue" - sachant que toute religion est vécue sinon elle disparaît - , "si elle change pour s'adapter au monde changeant". Une religion "vivante" renvoie à l'appropriation constante qu'elle suscite, autant de la part de ses adeptes que de ses officiants. Ainsi, c'est de manière paradoxale, ou en tout cas vu de la sorte par ceux qui voudraient que cette religion soit figée, fixée dans une essence, que le vodou manifeste une grande aptitude à absorber et intégrer les éléments extérieurs, une intelligence pratique.

83- Lire Bougerol (1997:13) au sujet de l'interactionnisme : "L'approche interactionniste est des plus adaptées aux études anthropologiques en milieu créole : elle permet de saisir ce type de sociétés dans leurs complexités concrètes, leurs contradictions et leur dynamisme. Disant cela, je souhaiterai aussi me démarquer des travaux qui cherchent à mettre en relief les origines culturelles de tel ou tel fait social relevé aux Antilles et plus généralement dans les Amériques Noires".

84- Giafferi (2003:336). Ans (1987:241) disait également à ce propos : "En Haïti, chacun connaît suffisamment bien le code de l'autre pour être capable de jouer sur ses implications. On ne peut donc pas dire que tel ou tel code culturel appartienne en propre à tel groupe ou classe sociale".

85- Bien que s'agissant par exemple des "bossales" que décrit Barthélémy, "l'hypothèse de l'autonomie symbolique soit plus séduisante", Giafferi (2003 : 425).

3- Aspects socio-culturels et religieux du Kout Poud

Pluralisme religieux

En Haïti, le religieux ne disparaît pas, il se transforme. Si la prédominance était auparavant accordée au catholicisme, comme religion institutionnelle, et au vodou, religion populaire du peuple, le système religieux se diversifie aujourd'hui en de multiples branches : Protestantisme, Pentecôtisme, Armées Célestes, Témoins de Jéhovah[86], etc. La population haïtienne se trouve confrontée à un enchevêtrement d'influences et, selon ses intérêts, les individus vont choisir l'un ou l'autre de ces systèmes pour répondre à des demandes diverses. On pourrait dire, à l'instar de Tremblay (1995:148), que "l'espace socio-religieux est labyrinthique". En outre, l'espace politique étant quasi-déserté (Houtart et Rémy, 2000:171), c'est le religieux qui est bénéficiaire de cette crise. En effet, les mouvements religieux charismatiques, les confessions protestantes baptistes, évangélistes ou pentecôtistes, prennent du terrain et se constituent comme des petites républiques autonomes, à défaut d'un véritable processus démocratique. La situation politico-religieuse en Haïti est très complexe à saisir dans sa totalité, car de nombreuses ambiguïtés existent, et nous allons le voir notamment à l'aide du vodou.

Le vodou

Afin de comprendre la position du vodou au sein de la société haïtienne, il convient d'aborder, da façon schématique, la question de la hiérarchisation des traditions religieuses. Pendant longtemps, le catholicisme a été la religion dominante, et ce depuis le Concordat de 1860 qui l'a instaurée comme religion officielle. L'institutionnalisation de cette religion a eu pour effet direct la répression du vodou, considéré alors comme "religion" du peuple. Historiquement, les tentatives d'écrasement de la "religion des esclaves" sont récurrentes. Tout au long du XIXème siècle, de nombreux missionnaires vivent en Haïti, et le catholicisme, à travers ses institutions et ses officiants, a montré sa volonté d'imposition de sa vision du monde, une sorte de "colonisation religieuse" effectuée parallèlement à une domination plus large. A ce titre, les "campagnes anti-superstitieuses" de 1935 et 1941-1942, menées par un clergé français, constituent l'apogée de cette domination - ou plutôt persécution - religieuse. D'après l'enquête de Houtart et Rémy (2000), c'est dans les régions rurales que le vodou s'affirme le plus fortement (10%), à peu près deux fois autant que dans les villes. Mais, cela ne représente qu'une part

86- D'après Tremblay (1995 : 113) "les témoins de Jéhovah proposent un espace clôturé où les diables, les loas malfaisants ne peuvent venir", ce qui expliquerait en partie son expansion. Barthélémy (1989 : 44) va dans le même sens et parle du protestantisme comme "solution alternative" en quelque sorte, "l'anti-système, l'antidote redoutable pour le système lui-même dont il constitue l'échappatoire".

de la vérité, car les personnes vodouisantes ont probablement été recensées comme catholiques lors de leur enquête. En effet, il existe un tabou sérieux sur le rattachement à la religion vodou, lequel fait encore partie, dans une large mesure, du non-dit, et la double appartenance, au catholicisme et au vodou, est parfaitement acceptable pour de nombreuses personnes, l'influence du vodou étant en fait réellement beaucoup plus étendue. Car ce système religieux continue à exercer une fonction culturelle spécifique pour les individus de milieux ruraux, c'est pourquoi il constitue un des mécanismes culturels de reproduction sociale (Houtart et Rémy, 2000).

Le vodou n'a jamais été une pratique "libre" et valorisée - à l'exception de la période associée au courant de la "négritude" - surtout de la part des décideurs. L'élite urbaine dénonce dans le vodou de la masse rurale le plus gros obstacle au développement économique et social de l'île (Bastide, 1966). Ce système religieux, aujourd'hui en passe d'accéder à une certaine sécularisation, par suite de son affirmation dans la littérature et les arts en général, connaîtrait un "affaiblissement" (Hurbon, 2001). Nous pouvons remarquer qu'à l'instar des pratiques thérapeutiques traditionnelles, les pratiques religieuses Haïtiens ont donné naissance à un consensus d'opinion : une dévalorisation plus ou moins grande, voire une négation totale. Si l'on met ces assertions en rapport au sujet d'étude, c'est parce qu'il me semble que l'on puisse établir un parallèle, au niveau des opinions suscitées par un phénomène, entre les pratiques du vodou en général, les pratiques médicales dites "traditionnelles", et les pratiques liées au *Kout Poud*, lequel forme d'ailleurs une sorte de connexion entre les deux. Les avis qui ressortent de l'enquête autour du *Kout Poud* paraissent se départir en deux groupes, dépendant d'une position sociale, et peut-être surtout économique. Une hypothèse consisterait à rendre compte d'un clivage socio-économique entre ceux qui croient à l'existence du Kout Poud dans l'explication de la maladie, apparemment les gens concernés, c'est-à-dire les malades eux-mêmes, les thérapeutes, ainsi que les proches de malades, et ceux qui voient dans ce phénomène, qu'ils considèrent d'ailleurs plus à l'état de représentations qu'à celui d'action concrète, une "fabulation", un fantasme lié à l'imaginaire, voire une pure invention de l'esprit.

Le religieux et le changement social

S'intéresser à la thématique du Kout Poud engendre la rencontre avec des systèmes de valeurs teintés d'idéologies. Les discours révèlent souvent des prises de position péremptoires, à l'image de celles énoncées lorsqu'il s'agit du créole. "D'autant plus péremptoires que les disputes religieuses et linguistiques, où qu'elles s'élèvent, ont une commune tendance à susciter le fanatisme" (Hoffmann, 1960:131). Le vodou donne, et a donné, lieu à beaucoup d'équivoques, et celles-ci illustrent bien le questionnement sous-jacent à l'étude de la religion, de la politique et du changement social. Pour reprendre une citation célèbre (Karl Marx), "la religion, opium du peuple... [ou] respiration de la créature opprimée" ? Pour certains, comme Souffrant (1995 : 123), "la prière constitue, en pays sous développés, un véritable problème social. Une certaine conception de la prière détourne les masses de la lutte sociale et, ainsi, entrave leur libération". De ce point de vue, les représentations magico-religieuses seraient sources de passivité sociale.

Historiquement, le vodou s'est vu attribué différents statuts : invisible, réprimé, valorisé, déprécié... Il en existe des évaluations fortement négatives et il est alors associé à des pratiques "archaïques", "anti-modernes", relevant de la "mentalité magique", de la "superstition". On y voit une religion qui, bien loin de contribuer à sortir les gens de leur misère, les y maintient. Certains considèrent les pratiques du vodou comme inadaptées, et même dévoyées : elles exploitent d'après eux des attitudes paranoïaques, la peur des autres, la méfiance, la haine, la malfaisance. Selon Maximilien (Barthélémy et Girault, 1993:65), ces critiques ne sont pas uniquement fondées sur l'ignorance ou les préjugés : "La pratique du vaudou est colorée par des traits de mentalité qui existent en Haïti : le vaudou pas plus que les autres religions n'a été à l'abri de l'entreprise systématique de perversion de toutes les institutions Haïtiens durant ces dernières décennies". Certains expliquent la persistance de la médecine traditionnelle, et de la religion vodou, par l'absence de réponse efficace aux problèmes rencontrés, la population se "rattrapant" alors sur l'imaginaire lié au vodou. Pour d'autres, il suffit qu'une pratique ne se laisse pas ramener aux normes occidentales officiellement admises pour qu'on la qualifie de vodou : "Cet amalgame systématique est un excellent moyen - dont on a largement usé - pour noyer dans une masse de faits répréhensibles réels ou prétendus, ce qui pourrait être les valeurs authentiques ou religieuses du peuple haïtien" (Maximilien, in Barthélémy et Girault, 1993:66). Et même les tentatives de valorisation engendreraient un résultat autre que celui escompté. Pour Hurbon (2001:249), le vodou s'inscrit dans un système religieux et culturel qui appartient avant tout et en propre à la paysannerie, mais qui correspondrait, "au regard de ceux qui se proposent de le défendre et de le protéger", à un niveau de pensée lié à une "condition de sous-développement et d'arriération. Un monde fermé sur lui-même et qui s'oppose à la modernité, ainsi apparaîtrait le vodou".

Les clichés vivent encore, et l'on retient généralement du vodou l'aspect mystérieux, "exotique" des zombis, des empoisonnements, de la sorcellerie, de la magie noire[87]... De plus, quand il s'agit d'Haïti, "on oublie de discerner ce qui est religieux et ce qui est aberrant au niveau de la culture. Or, comme dans toute société, ont cours en Haïti des représentations et des pratiques hétérogènes qui ne relèvent pas de la même vision de l'homme et du monde, ni des mêmes choix d'attitude et de valeur" (Maximilien, opp.cit.).

Religion vivante et multiforme

Défini par Hurbon (2001:247) comme un "système religieux africain réélaboré par intégration de divers éléments culturels repris du monde indien, africain et européen", l'origine du vodou a été expliquée par une pensée de la résistance : ce système religieux est apparu de façon souterraine comme une "culture de résistance contre le processus d'amnésie culturelle mise en œuvre par la traite et l'esclavage dans les Amériques". Et s'il s'est constitué sous la forme d'une lutte avant 1804, il n'en est plus de même après l'indépendance du pays car, théoriquement, les colons ont fui, et les pratiques du vodou n'ont plus lieu d'être cachées. Des théories fusent autour de l'importance à lui accorder dans la lutte contre le système esclavagiste, et donc son influence dans l'indépendance d'Haïti : En est-il à l'origine ? A-t-il constitué une base idéologique à l'action ? Certaines approches historiques considèrent que c'est grâce au vodou que les esclaves ont trouvé la force de combattre le régime en place. Mais qu'il ait été à l'origine ou non de changements sociaux et politiques, ce système religieux a dans tous les cas suscité de nombreuses opinions, émanant d'idéologies parfois contradictoires.

Le vodou est l'un des éléments constitutifs de l'imaginaire des Haïtiens (Depestre, 1979). Parce qu'elle est une religion formée dans le pays en même temps que le peuple haïtien lui-même, et dans les mêmes circonstances, le vodou est un véhicule majeur de la culture haïtienne, et c'est en partie en son sein qu'il faut chercher la vision que les Haïtiens ont du monde. Dans un pays où le lien social semble être fondé essentiellement sur le religieux, il convient de ne pas perdre de vue l'inscription du vodou dans la vie sociale, économique et politique du pays. Autrement dit, le vodou fonctionne à un niveau global de la vie sociale, et, en tant qu'explication du monde, il "ne s'attache en effet pas

87- Durant l'été 2003, au cours de la visite de l'exposition consacrée au "Vaudou" à l'Abbaye de Daoulas en France (29), il a été très enrichissant de noter les remarques que les visiteurs adressaient au guide. Celles-ci concernaient en effet les aspects jugés négatifs du vodou : les pratiques cannibales , les zombi, et apparemment beaucoup de visiteurs sont sortis plus tôt que prévu, manifestant un certain désintérêt, ayant généralement du mal à considérer l'exposition de la même manière que celle des "Dogons du Mali" par exemple... Habituellement, ce lieu d'exposition est très prisé en Bretagne, autant par les touristes que par les "autochtones", mais cette thématique en a rebuté plus d'un, aux dires des organisateurs; ceux-ci attribuaient d'ailleurs son insuccès aux préjugés liés au vodou, à ses pratiques considérées comme "diaboliques" par de nombreux visiteurs, en grande partie "catholiques".

exclusivement aux rapports de l'homme avec son milieu naturel et considère (..) la question des relations humaines" (Giafferi, 2003:379). La cosmologie vodou possède une dimension sociale et psychologique qui s'appuie sur une conception spécifique de l'individu et de la société. Le vodou peut être considéré, parce qu'il participe de l'apport plus large du phénomène religieux, comme lieu d'identification collective. La dimension collective s'exprimerait plus à travers ce que Barthélémy (1989:43) appelle du "multi-individuel", dans la mesure où le rapport au groupe passe d'abord par un rapport individuel avec Dieu. Il s'agirait plutôt d'une cohésion sociale basée sur un "agrégat d'adhésions individuelles". En tant que "pratique identitaire nationale", le vodou "constitue paradoxalement non pas le lieu d'une identification collective, mais le système qui vient supporter, alimenter, fortifier le nouvel individu qui s'affirme contre tout embrigadement esclavagiste ou colonial"[88], c'est-à-dire qu'il est un des facteurs explicatifs de la construction identitaire.

Comme on ne peut rien expliquer de façon univoque, ce système religieux ne peut servir de seul référent - il est en ce cas généralement survalorisé dans l'explication des phénomènes - et il importe de saisir les différences internes au vodou, même si on affirme souvent que le vodou imprègne tout en Haïti, et qu'il n'est guère d'actions sociales qui ne trouvent leur explication à travers lui, on se doit de prendre en considération les divergences entre les "houngans dont parlent tous les voyageurs et que décrivent tous les ethnographes, et les cultes lignagers de la paysannerie haïtienne, dont ledit "vaudou" partiellement procède" (Ans, 1987:289). En fait, il y a autant de formes de vodou qu'il y a de régions dans l'île et, pour une même région, on constate des variations sensibles d'un lieu de culte à l'autre. Ces variations, ainsi que l'absence d'une centralisation des cultes au travers d'un "clergé" vodou, car *oungan* et *mambo* sont des chefs de confréries ou de sectes autonomes plutôt que les membres d'un clergé hiérarchisé, sont fréquemment expliquées par l'absence dans le pays de toute infrastructure de communication qui induit un cloisonnement, bien que l'on constate paradoxalement l'existence de rituels "miraculeusement fidèles quant à l'essentiel" (Desquiron, 2003:91).

La potentialité d'appropriation créatrice de ce système religieux peut s'illustrer par les différents types de vodou, terme qui comporte déjà en

88- Préface de Hurbon, dans Barthélémy (1989). Dans une prochaine étude il serait d'ailleurs intéressant de chercher à savoir dans quelle mesure l'étiologie populaire du *Kout Poud* ne pourrait pas être insérée au sein d'une "idéologie qui permettrait de sauvegarder des valeurs identitaires" ? Ce questionnement vient suite à la lecture des propos de Benoist (Lévy, 2000 : 128), dans le contexte de la Réunion.

89- En effet, le nom même de "vodou" qui s'attache à la religion populaire haïtienne serait un "outsider's term". Pour Ans (1987 :290, note 8), "le mot "vaudou" ne désigne en effet qu'une danse particulière, jamais le culte dans son ensemble (...) Hélas, ce terme connut une fortune telle dans les médias qu'il est aujourd'hui devenu à peu près impossible de ne pas l'employer...dans son sens inexact !" Pour MacAlister (2003 : 152), l'usage de ce terme hors d'Haïti est dû à la mode étrangère: "Il est problématique de qualifier la religion afro-haïtienne de vaudou, le terme vaudou se référant au rythme et à la danse d'une *nanchon*

lui-même des ambiguïtés[89]. On peut établir, outre les variations déjà évoquées, quatre domaines d'exercice des pratiques vodou, sur un axe double privé/public : dans le domaine public, on peut distinguer les cérémonies ouvertes à un nombre limité de personnes et celles dont l'accès est permis à tous, voire recherché, c'est-à-dire le "vodou touristique". Le vodou "public", nommé ainsi par Métraux, se rapporte à un culte de confréries de vaudouisants groupés autour d'un sanctuaire tenu par un prêtre. L'auteur justifie cette qualification par le caractère généralement ouvert qu'il prête à l'exercice de ce culte. Cela représente la partie structurée du culte, l'aspect apparent du pouvoir spirituel et le côté visible du cérémoniel. Au cours de ces dernières années s'est également développé un vodou "touristique"[90] à Port-au-Prince, culte essentiellement offert au regard extérieur. Cette "extériorisation" pourrait être considérée comme un envahissement de l'espace public, dans le but d'obtenir une visibilité à l'égal des autres systèmes religieux. De 1986 à nos jours, on observe "une véritable entrée en force du vodou sur la scène publique"[91]. Sortir d'une certaine clandestinité en réclamant un statut officiel permettrait d'être vu comme un acteur social à part entière.

La sphère privée se divise quant à elle en une pratique domestique et une plus secrète encore, celle des sociétés. Moins accessible[92] donc, le vodou domestique, ou l'hommage aux *lwa-rasin*, le culte des ancêtres, concerne le groupe familial étendu, rassemblé autour de son propre autel. Cet aspect du vodou a souvent été ignoré. En effet, le manque de visibilité du culte familial, qu'accentue par contraste l'exhibitionnisme des mises en scène du vodou public, ainsi que "l'absence au sein de la paysannerie de toute théorisation susceptible d'éclairer ces pratiques lignagères "de l'intérieur", ont jusqu'ici laissé sans voix les ethnologues" (Ans, 1987:290).

Ambiguïtés autour du religieux

Plusieurs explications peuvent être imputées aux **conversions religieuses**, et il est intéressant de signaler qu'elles peuvent être le fait

---

(nation) particulière au sein de la pratique rada, tandis que les pratiques religieuses en général portent des noms multiples".

90- Par exemple des cérémonies qui se déroulent le jeudi à l'hôtel Oloffson, accessibles à tous.

91- En effet, "plusieurs stations de radio privée réservent des heures par semaine aux chants vodou, même si les débats sur le rôle du vodou dans les arts, la culture et l'histoire du pays sont encore rares", Hurbon (2001 : 254).

92- Étant pour ma part hébergée dans une famille à Saint Louis du Sud, petite commune au bord de la mer, au moment des fêtes du Nouvel An, j'espérais pouvoir assister aux rituels tenus par la maîtresse de maison, une mambo, mais la fille de la maison n'a pas vu la situation du même œil et elle a voulu profiter de ma présence pour sortir toute la nuit dans un bal, prétextant mon intérêt pour ce genre d'activités, alors que mon souhait aurait été de rester au sein de la famille durant cette nuit propice aux chants, danses et musiques vodou...En plus d'avoir servie de prétexte pour la fille pour sortir, ma présence ne devait sûrement pas être désirée.

d'intérêts pragmatiques plus ou moins explicites. Il paraît compréhensible qu'au cours d'une quête de guérison, certains individus trouvent sur leur chemin des églises qui proposent, directement ou non, de leur offrir un traitement, ou de quoi se nourrir pendant quelques temps, en échange bien entendu de leur participation. Et s'il s'agit d'un individu qui "sait profiter de la concurrence que se livrent les religions ou les sectes américaines", il peut même bénéficier de l'accès à l'école, posséder quelques vêtements, voire davantage s'il amène vers le sanctuaire de nouvelles âmes intéressées. Une pluralité d'obédiences, renforçant les rapports d'affrontement entre les diverses institutions religieuses, incite à parler de concurrence pour qualifier la situation de pluralisme religieux en Haïti. Dans un tel contexte de pluralisme, les "choix" qui s'offrent aux individus en matière de religion sont nombreux. Et si les chiffres disaient auparavant qu'Haïti possédait 60% de catholiques et 70% de vodouisants - dans la mesure où l'on pouvait être à la fois l'un et l'autre, les deux n'étant pas exclusifs l'un de l'autre[93] - aujourd'hui, les nuances sont multiples et il faut avoir l'œil affiné si l'on veut distinguer les diverses appartenances religieuses. Depuis plusieurs décennies, le catholicisme perd progressivement son hégémonie au profit du protestantisme qui ne cesse de progresser en Haïti; ce phénomène pouvant être conçu comme le résultat d'une demande d'"alternative religieuse". Le discours protestant tend en effet vers une négation et une diabolisation du vodou, il est exclusif car il impose de renoncer à ses *lwa*[94] et oblige donc selon Barthélémy (1989 : 56) à une "sortie brutale du collectif originel", permettant d'échapper ainsi à un système dominant ressenti comme trop contraignant.

Si l'on tient compte du fait que chacune de ces institutions religieuses propose des moyens de guérison divers[95], on peut noter le fait qu'il existe un consensus presque total à désigner, que l'on soit catholique, protestant, vodouisant, Dieu et le diable comme cause de la maladie lorsqu'elle n'est pas naturelle. On admet ainsi que la densité des discours et des pratiques religieuses rend difficile la compréhension de la logique qui sous-tend les stratégies de guérison. Celles-ci, influencées par le "modèle" du pragmatisme thérapeutique, illustrent une recherche de sens que l'on

93- Pour Wargny (2004 : 171) "la population ne choisit pas clairement entre les deux cultes qui s'imbriquent. Chez n'importe quel Haïtien, une religion peut en cacher une autre. Il y a, bien sûr, des *houngan* ou des *mambo* dans les temples et des prêtres dans les églises, mais les *lwa* se dissimulent à l'intérieur même du christianisme, qui s'est, ici comme ailleurs, indigénisé".

94- Et c'est ce qui entraîne une sorte de "guerre idéologique féroce entre vaudouisants et protestants évangélistes. Quand on veut, par exemple, échapper à ses devoirs et obligations envers les loas, il suffit d'aller trouver refuge chez les protestants". (MacAlister, 2003 : 150).

95- Les apports, autres que thérapeutiques, des systèmes religieux ont été analysés ainsi par Tremblay (1995 :146) : "Le vaudou offre un modèle d'organisation d'une extrême souplesse qui épouse bien les contours de la réalité paysanne (...) de son côté l'Église Catholique offre aux masses rurales une religion bien charpentée, bien structurée et hiérarchisée, où l'ordre et l'harmonie prédominent. Le protestantisme fait beaucoup plus appel à la spontanéité et à l'esprit d'invention de l'homme rural".

retrouve dans le phénomène des conversions religieuses. En effet, en situation de maladie, la fréquence des conversions exprime selon Tremblay (1995:146), la "recherche d'une pratique morale dans un contexte socio-politique chaotique". Le corps malade est à guérir dans "un lieu unifié qui indique une seule direction symbolique". On peut alors parler d'un pragmatisme religieux et thérapeutique pour qualifier la recherche simultanée d'une efficacité concrète et d'une volonté de trouver dans un système symbolique une interprétation crédible.

Symbolisme et marronnage

Lorsque j'ai commencé à approfondir la question du *Kout Poud*, en essayant alors de comprendre quelles pouvaient être les "origines" de la persistance d'un tel phénomène, d'une telle explication de l'étiologie de la maladie, j'ai constaté une idée récurrente : une explication "psychanalytique" qui voudrait que les Haïtiens soient "frustrés"[96] à cause de la situation, individuelle et collective, et qu'ils investissent donc leur énergie dans l'imaginaire : il s'agirait en fait d'une réponse culturelle à des besoins sociaux. Cette "fuite" dans le monde des symboles pourrait être interprétée comme une sorte de refoulement géré de manière métaphorique[97]. L'idée de fuite dans des sociétés post-coloniales caribéennes est souvent rapportée au concept de marronnage, au sens employé par Bastide (1966 : 56), lequel est "l'expression d'une certaine résistance culturelle, et pas seulement économique". Le marronnage est une réaction possible de la part d'un groupe agressé qui cherche à se protéger en disparaissant physiquement et/ou symboliquement aux yeux de son adversaire. A partir des résultats de leur enquête, Houtart et Rémy (2000 : 167) construisent un modèle dichotomique entre pensée analytique et pensée symbolique. La "pensée analytique", mode prédominant en Haïti, correspond à "l'explication et l'éventuelle maîtrise des mécanismes de fonctionnement des rapports à la nature et des rapports sociaux". Quant

96- Au cours d'une conversation avec un professeur, celui-ci me dit : *Ou konn sa k rive ? Gen anpil fristrasyon avèk sityasyon-an, ekonomik, politik...* (Cela arrive parce qu'il y a beaucoup de frustrations à cause de la situation économique, politique). A ce sujet, un ami haïtien m'avait demandé un jour d'imaginer les conditions de vie liées à la proximité, voire la promiscuité dans laquelle la plupart des Haïtiens de Port-au-Prince, et pas seulement dans les bidonvilles vivent; soulignant leur difficulté à trouver de l'intimité, nécessaire notamment à l'accomplissement d'actes sexuels, il lui semblait tout à fait normal que ces gens soient des "frustrés"...

97- On dit d'ailleurs souvent que les métaphores sont tellement présentes dans la culture et le langage haïtien qu'il est possible de tenir une conversation en se servant uniquement de proverbes. Ceux-ci sont en effet très nombreux, et peut-être constituent-ils une manière "détournée" de dire les choses.

98- Afin de mieux comprendre leur modèle, Houtart et Rémy (2000 : 167) mettent en avant trois manifestations différenciées de la "pensée symbolique" : de type analogique - "attribuer aux êtres, supérieurs aux humains, des pouvoirs sur les rapports à la nature et sur les sociétés" - de type allégorique - "prendre à la lettre des expressions qui, en réalité, sont des formes de communication symbolique" - et de type magique - "envisager la possibilité d'exercer un pouvoir direct maléfique ou bénéfique sur la réalité naturelle et sociale" à elle, la "pensée symbolique"[98] conçoit une interaction constante entre l'homme et la nature. Celle-ci pourrait correspondre selon eux à une forme de marronnage - refuge - culturel ou une piste de construction nouvelle, dans la mesure où elle reste aujourd'hui encore une source de résistance et d'affirmation d'identité. En ce sens, rechercher la cause de la maladie et de l'infortune dans le *Kout Poud*, c'est-à-dire un modèle étiologico-thérapeutique basé sur l'intervention d'un sorcier, serait caractéristique d'une "pensée symbolique de type magique". Et cette forme de pensée continue à se reproduire selon eux dans la mesure même où s'étendent des "zones d'insécurité d'existence", provoquées par le système économique actuel.

Si le recours à une telle forme de pensée est un fait pour de nombreux Haïtiens, bien qu'elle ne soit évidemment pas l'unique ressource pour tous, dans quelle mesure est-il choisi ou subi ? C'est-à-dire quelle est la part de fuite et celle de la résistance, d'inconscient et de revendiqué ? D'après Houtart et Rémy (2000 : 26), le recours à un "symbolisme réifiant"[99] pour résoudre les problèmes insolubles autrement est d'une "logique implacable", étant donné "l'extrême vulnérabilité du milieu social [qui] ouvre, de façon privilégiée, l'espace magique aux croyances et aux pratiques". Tous les Haïtiens ne croient pas en la magie, mais ceux qui y adhèrent voient dans le vodou "une vision fondamentale la magie et la religion de manière à la fois autonome et fusionnelle" (Beauvoir-Dominique, 2003 : 52).

99- "Une pensée symbolique de ce type [réifiant] ne veut pas dire une pensée irrationnelle. Il s'agit simplement d'une autre forme de rationalité, construite sur un idéel qui situe hors de leurs champs propres, l'explication du fonctionnement de la nature et de la société" (Houtart et Rémy, 2000 : 12).

Chapitre 4 :
Magie et sorcellerie dans le Kout Poud

Lorsque l'on décompose enfin le terme *Kout Poud*, on obtient deux mots. Le premier, "Kout", peut se traduire en français par "coup de" et il renvoie à l'acte en lui-même, au fait d'envoyer quelque chose, en l'occurrence une poudre, sur quelqu'un. Il existe de nombreuses expressions[100] qui utilisent ce terme : en créole, *kout lè*, *kout san*, aussi bien qu'en français, coup de vent, coup de poing, coup de froid... La polysémie de ce mot illustre de manière relativement explicite une action faite par un individu sur un autre, ayant un effet sur celui-ci. Ce terme met en avant deux choses, d'une part le caractère brutal, violent de ce à quoi il renvoie, et d'autre part la surprise qu'il engendre, c'est-à-dire son caractère imprévisible.

Ce qui est spécifique du *Kout Poud*, par rapport d'autres pratiques médico-magiques, c'est que son traitement s'effectue essentiellement a posteriori, c'est-à-dire qu'il n'existe pas à ma connaissance de pratiques prophylactiques, susceptibles de prévenir de son apparition ; comme il m'a souvent été dit, "on prend un *Kout Poud*". Contrairement à d'autres pratiques magiques autour desquelles il existe généralement des "garanties", des "fétiches" qui permettent à l'individu de se protéger des maléfices[101], le phénomène du *Kout Poud* induirait une recherche rétroactive du mal. Lorsque l'individu n'est pas assez méfiant, il peut commettre des imprudences, et c'est d'ailleurs une des raisons énoncées par un informateur qui avait "pris de la poudre". Par négligence[102], m'avait-il dit, par maladresse, ou plutôt par manque de prudence, laquelle

100- Et notamment un texte du groupe Zenglen qui y fait référence : *Yon sèl ti kout poud yo ale se lènmi a sosyete*, mais la poudre ici nommée n'est rien d'autre que de la cocaïne....

101- D'une autre manière, le terme *wanga* renvoie à l'idée un sortilège, qui peut revêtir tous les degrés de malfaisance : toute substance, objet ou combinaison d'objets, qui est chargée, par suite d'une opération magique, d'une propriété nocive contre une personne, ou un groupe de personnes. Pour Kerboull (1977 : 79), la substance sera transmise par l'intermédiaire d'un récipient (*kwi*), rempli de plusieurs ingrédients, qui sera déposé sur le passage de la personne cible; et si celui-ci commet l'imprudence de le "fouler par mégarde", il peut contracter *gwo pye* (l'éléphantiasis). Les demandeurs de cet acte magique ne sont pas rares, et les raisons invoquées peuvent être identiques à celles du *Kout Poud.*

102- Comme par exemple dans le cas cité par Delbeau, 1990, à savoir le fait de piétiner sans faire attention, au détour d'un sentier, un *kwi* (récipient), marquée d'une croix faite avec de l'indigo et rempli de grains de maïs grillé, cassave (*Manihot esculenta, Euphorbiacées*), bonbons, menue monnaie, et d'autres expédients, destinés à *mèt kalfù* (maître du carrefour = *Legba*).

constituerait finalement la seule protection. Généralement, les attaques magiques peuvent être parées par des protections magiques qui engagent les personnes à des échanges symboliques. Mais, dans le cas ici étudié, aucune protection ne m'a été donnée, et cela ne veut pas dire qu'elles n'existent pas, mais cela concorderait avec le caractère brutal et imprévisible du *jete poud*, de l'ensorcellement. Cette question de la demande de protection pose problème dans la mesure où il me semble qu'elle ne puisse être, pour ce qui est du *Kout Poud*, qu'offensive. En effet, il est impossible de se défendre dans la mesure où l'on connaît l'origine du mal uniquement a posteriori, au sein d'une quête de guérison. Le mal étant déjà fait, la protection réside-t-elle dans le fait de lancer nouvelle attaque, en renvoyant le mal sur le malfaiteur ?

A la différence des "*kout lè*", maladie due à un courant d'air, le *Kout Poud* provient d'un agent extérieur humain. De qui s'agit-il ? C'est ce que je tenterai d'approfondir en dernier lieu, juste après avoir défini les représentations sous-jacentes à une telle pratique, à savoir les notions liées à la magie et la sorcellerie. Dès à présent, venons-en à l'objet doté de pouvoirs magiques : la poudre.

L'agent utilisé pour l'action "maléfique" du *Kout Poud* est une poudre qui se compose d'ingrédients[103] divers : poudres animales, végétales - plantes entières broyées ou extraits issus de la sève par exemple - et médicaments pharmaceutiques en poudre. *Gen poud zanoli, poud mabouya, poud crapo, poud koulèv, poud fèy* (il y a de la poudre de lézards - petit et gros - de crapaud, de couleuvre, de feuilles). Une *mambo* me disait utiliser diverses poudres achetées en pharmacie, telles que: "*Pratant*", "*M'wè'w yè, m'a wè ou demen si Dye vle*"… A première vue, on constate une grande diversité de poudres, et il s'agit de substances de très fine granulométrie, de couleurs diverses (Taverne, 1997), mais dans cette étude, il n'y a malheureusement pas d'analyse chimique de ces poudres. Toutes ces poudres renvoient au domaine de la "sorcellerie alimentaire"[104]. De manière générale, pour certains de ses rituels médico-magiques, le docteur-feuille utilise très fréquemment différentes poudres. Ces poudres ne sont généralement pas utilisées isolément, c'est-à-dire qu'elles entrent dans la composition d'un mélange complexe[105]. On peut dès à présent se référer à la notion d'"adorcisme" pour qualifier l'utilisation d'une poudre

103- L'ouvrage du Colonel Delbeau (1990) fait référence à certaines plantes comme *pòm roz* (*Eugenia embos, Myrtacées*), " bouzillet " (*Comocladia dentata, Anacardiacées*), *chevalye* (*Tecoma stans*), et celui du Docteur Dorsainvil (1931 : 71) à d'autres *kaka dyab* (*Assa-foetida*), *dlo repinians pou ti moùn* (teinture alcoolique du précédent corps), *poud koulèv*, poudre de garance, poudre à tirer, poudre d'yeux d'écrevisse…

104- Caractérisée selon Dominique Camus par l'utilisation de philtres et de poudres ; voir à ce sujet son site Internet : http//www.sorcellerie.fr.st

105- "Les poudres et l'huile de ricin, *palma kristi*, sont des substances très fréquemment employées en Haïti, les premières par les *oungan*, la seconde par l'ensemble de la population, *luil maskreti a* en effet une réelle réputation de panacée" (Taverne, 1991 : 402).

dans le cadre de la persécution magique; en effet, l'action sur le corps se fait dans un processus d'adorcisme, dans la mesure où le sorcier ajoute quelque chose, et il en introduit son maléfice dans ou sur le corps de la victime. Plus qu'un simple objet servant de base matérielle à des pratiques magico-thérapeutiques, la poudre est un objet hybride, un "faitiche" (Latour, 1996), au sens où elle est une "concentration de forces suprahumaines" qui sollicite également de nombreuses actions humaines, notamment des prières, au cours de rituels précis. Comme le dit Benoist (in Lévy J.J, 2000 : 196), "la sacralité qui investit alors le produit véhicule en silence la sacralité de l'acte thérapeutique".

Taverne (1997) montre dans son étude sur le mercure en Guyane que "les poudres sont employées exclusivement dans des préparations magiques pour favoriser l'obtention d'un travail, repousser les attaques en sorcellerie, châtier un voleur, faire revenir un(e) époux(se) volage, etc". Son enquête a mis en avant le fait que l'emploi des poudres relève uniquement du savoir spécialisé des thérapeutes, lesquels envoient les malades acheter les remèdes nécessaires au rituel demandé, mais cette question s'est révélée plus ambiguë au cours de mes recherches en Haïti, essentiellement lorsque je me suis intéressée à la question de l'approvisionnement. En effet, les discours diffèrent à ce sujet : un *oungan* m'a dit ne se fier qu'aux poudres préparées par ses soins, d'origines essentiellement végétale et animale, car leur efficacité dépendait en outre de cette préparation; une *mambo* au contraire me certifiait que n'importe qui pouvait acheter de telles poudres à Arcahaies, ville au Nord de Port-au-Prince, où un vendeur se chargeait non seulement de la vente mais donnait également des informations à propos de la posologie et des indications à suivre. On peut alors se demander s'il n'existerait pas un "trafic" de poudre ? L'explication univoque selon laquelle seul un *oungan* pourrait être à l'origine du *Kout Poud* est nuancée par ces affirmations. Cette *mambo* ne quittait jamais sa maison lorsqu'il fallait acheter un remède car elle disait se méfier des malades qui sont parfois des voleurs (*volè*) : *Ou voye on moùn achte pou ou, paske si ou kite lakay ou, li (malad-la) kapab vole yon bagay*[106]. A l'instar de ce qu'a montré Taverne en Guyane (1997), une partie de l'approvisionnement s'effectue dans des pharmacies. Mais la question de l'accessibilité à de tels produits donne lieu à des divergences d'opinions, et l'enquête menée en Haïti auprès de thérapeutes *vodou* a montré la possibilité d'emploi des poudres non pas toujours par des spécialistes mais par toute personne qui le désire car il a la possibilité d'en acheter et de l'utiliser lui-même[107].

106- Tu envoies quelqu'un acheter le produit pour toi pour ne pas avoir à quitter la maison, et ne pas prendre le risque que le malade te vole quelque chose (ma traduction).

107- Lors des affrontements du début de l'année 2004, il y eut une rumeur selon laquelle Jean Tatoune, chef d'un mouvement rebelle aux Gonaïves, serait allé acheter de la poudre dans l'Artibonite par l'envoyer sur les Lavalas (partisans d'Aristide).

Le *Kout Poud* est un procédé maléfique qui consiste à déposer une poudre maléfique dans un endroit avec lequel la personne visée entrera forcément en contact. Mais comment exactement la poudre est-elle envoyée ? Au cours de l'enquête, de nombreux modes de transmission de la poudre m'ont été signalés : elle peut-être déposée sur des vêtements, dans un chapeau, sur le seuil d'une maison, sur un bureau, une chaise, ou un lit, en un mot sur tout objet appartenant à la personne visée. Elle peut également être transmise par une poignée de mains, en saluant une personne qui a volontairement mis de la poudre au creux de sa main. Dans tous les cas, un contact, direct ou indirect, est nécessaire, et cette caractéristique renvoie au concept de magie contagieuse, en référence à la "loi de contiguïté"[108] définie par Frazer : les choses qui ont été en contact, mais qui ont cessé de l'être, continuent à agir les unes sur les autres, comme si le contact persistait. Le contact peut s'effectuer de façon très différente, à en voir les nombreux termes employés pour désigner l'envoi de la poudre : on peut *voye poud/jete poud/soufle poud/prann poud*, et si le dernier terme renvoie de manière explicite à celui qui en est la victime (prendre poudre), les trois premiers étaient cités indifféremment.

Le **poison** est une substance qui détruit ou altère les fonctions vitales, et de manière figurée, c'est tout ce qui exerce une influence dangereuse, pernicieuse. Ce produit toxique, une fois en contact avec une partie du corps, peut provoquer des malaises graves, qui peuvent aller d'un "simple" problème dermatologique à des complications plus graves, voire la mort. Cet extrême est relativement fréquent dans la mesure où il est difficile de se soigner en Haïti, et ceux qui envoient les poudres comptent probablement sur ces insuffisances du système médical. La poudre utilisée n'est pas systématiquement appelée "poison" - on peut penser qu'elle n'est peut-être pas toujours toxique en elle-même - la garantie d'un résultat efficace proviendrait alors des pratiques rituelles qui y sont associées.

En règle générale, l'empoisonnement va de pair avec la peur qu'il suscite, et l'on peut lire dans les récits historiques des colons la crainte quasi obsessionnelle qu'ils entretenaient à ce sujet. Chaudenson (2003) parle de la "psychose de l'empoisonnement/envoûtement" à propos des maîtres de certaines sociétés coloniales, et notamment à Saint-Domingue et aux Petites Antilles. Dans le même sens, Bougerol (1983 : 76) traite des attaques dirigées vers les colons, qu'elles soient directes - on fait du poison "l'arme préférée des esclaves" - et indirectes, comme par exemple les

108- Partant du principe que "sont magiques les pratiques destinées à produire des effets spéciaux par l'application de deux lois dites de sympathie", la loi de contiguïté en faisant partie, ainsi que la loi de similarité. Frazer, cité par Mauss (1950 : 4).

révoltes contre le régime de travail. Les colons blancs, outragés par les événements dont le contrôle leur échappe, se sentent le jouet de puissances diaboliques. L'imaginaire de l'empoisonnement était à cette époque très étendu et on a depuis lors coutume de dire que les sorciers sont des experts en plantes toxiques et poisons (Davis, 1986).

Il existe une interaction intrinsèque autour des notions de poison et d'antidote, celui-ci étant le remède qui efface les propriétés du poison. Parfois, l'agent vecteur de maladie ou de mort et le remède peuvent être de même nature. Prenons par exemple les *pikè-zobo* dont parle Kerboull (1973) : il s'agit de piquets enduits de poison autour de la propriété, ou du terrain, d'un individu, dans le but de le persécuter. L'antidote de cette pratique consiste à frictionner vigoureusement le membre blessé par le poison lui-même. La dualité des effets possibles d'un même agent (le vecteur du mal et le remède) renvoie à une théorie récurrente dans les pratiques de sorcellerie : l'analogie. Souvent, face à des situations d'empoisonnement, les remèdes efficaces ne peuvent provenir que du même acteur, dans le sens où seul le sorcier "jeteur de poudre" est à même de traiter le mal : *se moùn nan ki voye'l ki konn trete'l*. Seul celui qui est à l'origine du poison connaît l'antidote. Pour ce qui est des préparations faites par les thérapeutes eux-mêmes, *oungan* et *mambo*, leurs recettes sont généralement tenues secrètes. Tout acte magique et thérapeutique suppose un savoir et une technique, et le fait que le *oungan* affirme disposer d'un poison dont lui seul connaît la composition et les modes de préparation, cela est lié, comme le dit Hurbon (1988 : 291), à "la nécessité de prouver sa force, et de sauvegarder son prestige". En effet, le secret autour de la composition et des modes de préparation de la poudre est un des axes à prendre en compte dans la légitimation du pouvoir thérapeutique du *oungan*.

Lorsque l'on parle des pouvoirs thérapeutiques des *oungan*, on fait appel à des notions qui relèvent généralement du domaine mystique, de l'ésotérisme, comme par exemple le concept de **force**. Tremblay (1995 : 70) montre dans son étude que "les soins du corps dans la médecine créole, à n'importe quel échelon, met en jeu des forces mécaniques et des forces symboliques". Pour Camus (1988), les actions magiques incluent des pratiques dont les rapports de causalité ne peuvent être expliqués par la science selon les méthodes qui sont les siennes actuellement. Ces rapports de causalité font intervenir un "principe de force" qui est présent au sein des conceptions populaires Haïtiens du corps conçu comme "champ d'expression de forces immatérielles" (Ans, 1987 : 275). Le *Kout Poud* fait référence à ce "jeu de forces" visibles et invisibles de la manipulation duquel sortira une maladie, une altération physique chez l'individu visé. L'efficacité thérapeutique réside-t-elle dans le rituel, lequel accréditerait au produit utilisé, par l'intermédiaire de l'intervention d'esprits, une "force supra-humaine", ou est-elle inhérente à la poudre ? *Poud gen divè degre, pi fò, mwen fò* (La poudre a des degrés divers, du plus fort au moins fort), c'est-à-dire que le degré - la capacité d'action de la poudre - est le résultat d'une propriété qui lui est intrinsèque. Si au contraire, c'est plus la capacité du thérapeute qui est mise en avant, et les pouvoirs qui lui sont attribués[109], on dira, à l'instar de Favret-Saada (1977 : 42) que "ce qui fait un désenvoûteur, c'est sa "force" et le raccordement de celle-ci à un univers de langage". Car, sans le système symbolique, sans un appui sur une connaissance préexistante, une référence à un savoir, le sorcier est dans l'impossibilité de trouver une "force" qui lui permet de "convertir ce savoir en pouvoir".

La magie à l'origine du Kout Poud

Le *Kout Poud* n'est pris en compte que lorsque le résultat escompté est obtenu : c'est parce qu'il existe une manifestation concrète de l'acte magique que l'on parle de *Kout Poud*. Tout décès, même si la mort suscite généralement des interrogations, et bien que la "mentalité religieuse [soit] de type magique"[110], ne sera pas toujours expliqué ainsi. La thèse "vulgaire" selon laquelle la magie serait une forme timide et balbutiante de la science doit être mise de côté car la pensée magique n'est ni un début ni une ébauche : elle forme un système bien articulé[111].

Haïti est un pays qui a connu de nombreux états "d'ébranlement et de rupture", et ceci formerait selon Pluchon (1987 : 17) un contexte "propice au développement de la magie". Ceci renvoie à l'idée de "l'incertitude d'une société éclatée", pour qualifier un contexte socio-politique qui va souvent être utilisé comme explication de la persistance de l'interprétation sorcellaire. Dès que la crise sociale devient plus aiguë, l'interprétation par la sorcellerie fait rage, et la thérapeutique magique est parfois conçue comme "la recherche d'un équilibre perdu dans les relations sociales de la victime" (Camus, 1988 : 258). Haïti, société "éclatée", est un lieu où chacun deviendrait un jeteur de sorts en puissance.

109- Pour Werner D (1991), le *bòkò* n'a aucun pouvoir excepté celui qu'on lui attribue. "*Pa gen anyen ki ka prann sou yon moùn ki pa kwè ladan'l*" (Il n'y a rien qui puisse prendre quelqu'un qui ne croit pas en ça).

110- Et "son trait dominant est la recherche de causes et de remèdes surnaturels aux évènements naturels: intempéries, accidents, naissances, morts, maladies, fortunes. Qu'un cyclone dévaste une région, c'est un "coup de Dieu" " (Souffrant, 1995 : 123).

111- C'est ce que Lévi-Strauss (1962 : 21-24) appelle la "science du concret" : "il existe deux modes distincts de pensée scientifique, l'un et l'autre fonction, non pas certes de stades inégaux du développement de l'esprit humain, mais de deux niveaux stratégiques où la nature se laisse attaquer par la connaissance scientifique : l'un approximativement ajusté à celui de la perception et de l'imagination, et l'autre décalé".

4- Magie et sorcellerie dans le Kout Poud

La croyance en la magie est une réalité haïtienne, et il existe des définitions émiques de ce qui est magique et de ce qui ne l'est pas. Les relations entre les domaines de la médecine, de la magie et de la sorcellerie Haïtiens sont inévitables, car il est illusoire de croire que l'on puisse fixer une démarcation précise entre l'activité du thérapeute issu de la médecine populaire et celle du thérapeute se servant de la magie pour ses traitements. On observe également, dans le domaine médico-magique, des convergences ou même des homologies relevant de traditions manifestement différentes que sont les traditions françaises, africaines et Haïtiens. Avant tout pragmatique, la magie est bien dirigée vers une fin, et elle donne sens à des procédés techniques (Mauss, 1950).

La méfiance

Lorsque je me suis intéressée au *Kout Poud* et à ses aspects magiques, on me disait souvent qu'il fallait maintenant se méfier de moi, parce que j'étais selon mes interlocuteurs dorénavant capable d'envoyer de la poudre à quiconque me dérangeait. Ces remarques étaient bien évidemment faites sur le ton de la plaisanterie, elles illustrent, outre l'idée de l'acquisition d'un savoir secret, l'idée selon laquelle les actes magiques en général entraînent un sentiment de suspicion, un doute émanant en partie de son caractère inconnaissable. Souvent, ce qui est inconnu fait peur, et le *Kout Poud* inspire de la méfiance à l'égard de ceux qui en usent, et même de ceux qui s'y intéressent de loin. Car l'idée est que l'on ne peut s'intéresser à la sorcellerie et aux pratiques magiques juste pour le plaisir, on est forcément intéressé par plus que cela (Favret-Saada, 1975). Celui qui s'enquiert au sujet de l'envoi de la poudre suscite de la méfiance, car l'acte du *Kout Poud* en lui-même est basé sur ce sentiment.

Être sur ses gardes face à une telle pratique reflète la méfiance que toute la société (et toute société) attribue aux pratiques et aux personnes dont on ne connaît rien, voire peu. Le soupçon plane sur l'inconnu. Ce caractère peut être illustré par des proverbes : *nèg ap trayi nèg depi nan Ginen* (depuis toujours les hommes se trahissent entre eux, le nèg devant être traduit par "Homme") ou *ayisyen yo mechan* (les Haïtiens sont méchants). Pour certains, cela est le résultat d'une réaction première, fruit de la socialisation, où l'enfant est éduqué dans cet esprit : "A l'âge scolaire, on lui apprend à se méfier des voisins et même de ses petits camarades" (Bougerol, 1997 : 129). Face à la méfiance que suscite la présence d'un Autre, l'éducation apprend à l'enfant les manières de la gérer. Pour Giafferi (2003 : 43), la méfiance "imprègne aujourd'hui en Haïti l'ensemble des rapports humains, qu'ils soient marchands, amicaux, familiaux ou amoureux". Ce phénomène induit une observation mutuelle et une surveillance quasi continue[112]. Une attention poussée à l'environnement physique, s'accroît dans une situation que l'on suppose liée à la sorcellerie, car, dès lors, les signes "se mettent à parler", ne faisant qu'augmenter la certitude de l'ensorcellement. À partir du moment où cette interprétation survient, on ajuste tout évènement, aussi minime soit-il, à ce type de signification, teintée de dangers et de menaces. Bougerol (1997) s'inscrit dans une "anthropologie de l'interaction" pur tenter de comprendre les manifestations concrètes de la jalousie et de la méfiance. De cette manière, la surveillance entre les personnes peut être vue dans ce contexte comme l'expression d'un lien social fort. Jalousie et surveillance, deux notions étroitement imbriquées, dont l'une serait la manifestation concrète de l'autre.

Lorsque j'ai lu le compte-rendu fourni par le Colonel Delbeau (1990) dans son étude sur la médecine traditionnelle, j'ai été saisie par l'omniprésence de la dialectique familiarité/méfiance. En effet, le patient qui est en demande de soins parce qu'il a de l'asthme (*las*) se souvient au cours de sa maladie avoir respiré un jour chez un ami une odeur qui avait retenu son attention. Ce qui nous fait penser que si les individus redoutent généralement les esprits, les morts et les loups-garous, ils craignent "encore plus la méchanceté de leurs semblables" (Métraux, 1953 : 47) et savent que les dangers qui les entourent sont nombreux. Dans cette optique, le dicton selon lequel "le meilleur ami est souvent le pire ennemi" prend tout son sens dans la mesure où c'est la familiarité avec un lieu, un individu, et même un animal, qui est mise en avant dans l'explication de la "prise du *Kout Poud*". C'est de l'intimité, de la "quotidienneté partagée", que naissent des conflits sociaux, dont certains se déroulent sur le registre de la sorcellerie.

Posons-nous la question de l'utilité de ce système à base de suspicion, de crainte permanente, de jalousie, d'envie. Pour Barthélémy (1989 : 33), c'est par un "contrôle réciproque, quotidien, que chaque individu est contraint par ses semblables, par ses voisins, à respecter la grande règle non écrite, mais immanente à ce type de société : Tu ne te différencieras pas". Ce contrôle exercé sur l'autre se retrouve selon lui à chaque instant de la vie au sein du groupe. Implicite et non-violent, il peut être illustré par tous les petits mécanismes quotidiens qui permettent par exemple d'enrayer le processus de l'enrichissement, en empêchant notamment la constitution d'épargne : emprunts incessants et non remboursables auprès de celui qui a plus, en nature ou en espèces. Ainsi, par la surveillance et l'omniprésence du regard de l'autre, on accède à la règle d'or du

112- Ce qui fait dire à Giafferi (2003 : 106) que "chacun surveille son voisin ; même à l'intérieur des lignages la défiance est de règle". Et cette surveillance ne peut qu'être ressentie lorsque l'étranger vit dans ce pays : "ce sont nous, étrangers, qui sommes observés dans nos moindres faits et gestes, jugés, analysés dans le meilleur des cas" (opp.cit : 43).

comportement individuel qui est la "respectabilité". Au niveau des moralités locales, la société haïtienne, comme d'autres sociétés caribéennes[113], soumettrait les hommes au principe de réputation et les femmes à celui de respectabilité. Dans un souci permanent d'être conforme à "ce qui se fait", chacun tente de ne pas donner prise aux *tripotay* et aux autres médisances qui tendraient à la singularisation. Par là, les commérages formeraient un des moteurs de la structuration du groupe, correspondant à une conception des croyances en la sorcellerie comme d'un système de valeurs régulatrices de la conduite humaine[114].

Logique de la persécution

On entrevoit ici ce qui peut être qualifié de logique de la persécution, se manifestant sous diverses formes : une persécution collective - comme l'a montré l'histoire d'Haïti à travers les campagnes anti-superstitieuses menées par les catholiques, la période de *dechoukaj* à la fin du règne de J.C. Duvalier - ou individuelle - comme les demandes de rançon existant toujours à l'heure actuelle par exemple. Ce qui est récurrent dans cette logique, c'est la volonté d'instituer un rapport de domination sur un individu ou un groupe. Concernant le *Kout Poud*, il m'a été dit que cette pratique pouvait aller dans ce sens car elle était parfois utilisée dans le but de tourmenter un voisin que l'on jalouse. La persécution, volontaire et ciblée, peut être révélée aux yeux du persécuté par un ami ou une connaissance qui pose le diagnostic décisif : "y'en aurait pas, par hasard, qui te voudraient du mal ?"[115].

La persécution est d'autant plus forte si l'on ne connaît pas le malfaiteur, sachant que celui-ci n'est presque jamais dénoncé, surtout dans le cas où il est lui-même venu payer le oungan pour envoyer le maléfice. Quoiqu'il arrive, quand "*se pa mò Bon Dye*" (ce n'est pas une maladie "naturelle"), l'origine de l'infortune, qu'il s'agisse de persécution ou non, sera souvent renvoyée vers l'extérieur, une causalité externe. Cette mise en forme symbolique de l'agression est caractéristique d'une interprétation sorcellaire. Pour mieux comprendre ce phénomène, inspirons nous modèle "projectif-persécutif" établi par Zempléni (1985), et constatons en effet que le vocabulaire créole est très riche en termes qui se réfèrent explicitement à ce modèle, dans lequel les origines du mal circulent entre

113- Voir Mulot (2000) à ce sujet en contexte guadeloupéen.

114- Voir à ce sujet Glukman M, "Gossip and Scandal", Current Anthropology, juin 1963, n°14 v 3 : 307. Cité par Giafferi (2003 : 45). Une recherche personnelle en cours, au sein d'une Anthropologie des moralités (Thèse en Anthropologie à l'Université Laval, Québec, Canada) vise à rendre compte de l'importance des commérages dans les perceptions différenciées de la sorcellerie (Obeah) dans une autre île de la Caraïbe, Ste-Lucie.

115- Cette idée peut venir d'un personnage désigné par Favret-Saada (1977 : 24) comme "l'annonciateur".

deux personnes : *èkspedisyon, voye maladi, pèsekisyon* (expédition, maladie envoyée, persécution). A ce sujet, un *bòkò* m'avait dit un jour qu'il se faisait appeler *doktè pèsekisyon* (docteur persécution). Concrètement, le sorcier peut être un des membres du pôle persécutif, car, en Haïti, il exécute, moyennant négociation, la demande d'un "malfaiteur", c'est-à-dire d'un individu venu exposer sa requête. Toutefois, il existe deux types de situation, soit le "malfaiteur est imaginé agissant seul" soit il est supposé recourir à un spécialiste. Et, même s'il y a deux acteurs, le "pôle persécutif ne fait qu'un aux yeux du persécuté. Ce dernier ne peut jamais savoir si son sorcier a agi seul ou non, sur ce chapitre, il ne dispose que d'incertitudes" (Bougerol, 1997 : 154).

La maladie *Kout Poud* est due, comme pour les maladies surnaturelles, à l'action malfaisante de l'homme : elle est donc d'origine criminelle. Farmer (1996) distingue deux mouvements à l'œuvre dans la conception de la maladie, ce qu'il appelle la logique "peccative" [tout ce qui est relatif au péché] et "persécutive" : Soit l'individu estime avoir commis un péché et entre dans un processus de culpabilisation, soit il considère être la victime d'un tiers, et dans ce cas, l'itinéraire s'oriente vers la recherche d'un traitement. Dans ce deuxième cas, l'ensorcellement engendre un processus d'accusation[116] car, puisqu'il ne peut exister un véritable sentiment de faute, toute tentative de culpabilisation ou d'accusation sera ressentie, avant tout, comme une agression et un manque de respect[117]. Par contrecoup, c'est sur l'accusateur que se trouvera rejetée la véritable responsabilité d'un tel comportement agressif. La notion d'individualité (personnelle et collective), qui permettrait une responsabilisation de la personne et de son groupe, serait absente en Haïti. Hurbon[118] parle quant à lui des conséquences du mouvement de déresponsabilisation de l'État, lequel induirait une propension de l'Haïtien "moyen" à renvoyer toute responsabilité, culpabilité sur autrui et/ou sur un agent externe à l'humain. C'est alors que, contre cette agression toujours appréhendée, toujours

116- Sur les principes d'accusation et de culpabilisation, on reprendre les analyses sur la " mentalité haïtienne "faites par Louis Mars ou les travaux psychanalytiques sur la culture antillaise effectués par un Jacques André. Ils affirment tous deux que, dans ce type de société (fondé sur l'autorégulation et le regard de l'autre), " le sentiment de persécution joue un rôle fondamental alors que, au contraire, la culpabilité se trouve, presque complètement, exclue du jeu social", in Barthélémy et Girault (1993 : 181).

117- Toutefois, l'interprétation donnée par Farmer en Haïti doit être nuancée car l'accusation d'un tiers n'exclue pas toujours la culpabilisation. D'après des données personnelles, recueillies dans le cadre d'un terrain de Thèse (en cours) à Ste-Lucie, il a été constaté qu'une infortune peut signifier pour la personne concernée, à la fois un sentiment de culpabilité et un mouvement accusateur orienté vers une autre personne ou un sorcier.

118- "Encore une fois, s'il est admis que l'absence du sens de la responsabilité individuelle est la marque de la société haïtienne, il est non moins vrai qu'un travail de dé-responsabilisation prend sa source dans l'État lui-même et peut-être dans la classe politique toute entière" (Hurbon, 1997 : 18). Ailleurs, il donne pour exemple le processus de mondialisation : "Sur cette base, tous les troubles, désordres et dysfonctionnements dans le système étatique sont censés être des effets de la mondialisation, or comme celle-ci est considérée comme inéluctable, ses effets sont rapidement naturalisés. Tous les maux du pays (misère, pauvreté, insécurité, exploitation sociale, etc.) deviennent des malheurs" (Hurbon, 2001 : 184).

suspectée, on assistera au recours à un moyen de défense, peut-être le plus approprié : la sorcellerie.

La sorcellerie, représentations et croyances

Le terme de sorcellerie est communément utilisé pour désigner l'ensemble des effets néfastes (accident, mort, infortunes diverses) qui résultent de l'activité de personnes malveillantes dotées de pouvoirs surhumains. Un des traits fondamentaux de la sorcellerie est sa relation au malheur inexpliqué, ce qui revient à dire que la sorcellerie, en tant que système explicatif, fournit le lien entre deux séries causales indépendantes. Pour Evans-Pritchard (1972), elle permet d'expliquer pourquoi un évènement nocif touche une personne particulière à un moment donné, renvoyant ainsi à une intention extérieure qui donne sens aux faits. L'interprétation du malheur inexpliqué, souvent parce qu'il est répété, est souvent accompagnée d'une réaction socialement orchestrée : recherche du responsable, consultation de spécialistes, traitement si nécessaire. On peut dire que le discours sorcier a l'avantage de fournir une réponse à la nocivité, il serait en quelque sorte "une forme de philosophie qui permet d'expliquer les évènements malheureux de la vie des hommes" (Creusat, 2000 : 157).

En Haïti, le discours sorcier fait partie de la réalité haïtienne. La croyance qui sous-tend les phénomènes de sorcellerie en général, et le *Kout Poud* en particulier, est celle selon laquelle certains individus sont en mesure d'infliger, grâce à leurs pouvoirs surnaturels, de considérables tourments à des personnes cibles, souvent ceux qui ne sont pas en mesure de répondre à de telles attaques. La disposition à croire, ou à ne pas croire, en la sorcellerie, ne relève pas d'une hiérarchie sociale, elle est plutôt le fait d'une histoire personnelle. D'où qu'elles viennent, qu'il s'agisse de croyances ou non, ces agressions, ces persécutions magiques, ces "invisibles malfaiteurs" sont réels en Haïti. Ils sont réels parce qu'ils prennent sens dans la vie de tous les jours, parce que leur représentation est "investie socio-politiquement", l'actualité haïtienne les rendant toujours possibles et désirables (Tremblay, 1995). La majorité des Haïtiens croient à l'existence et à l'efficacité de la magie "noire". Les connaissances et les pouvoirs occultes que les sorciers sont censés détenir inspirent le respect et bien souvent la crainte, et cela fait d'ailleurs partie de ce que Lévi-Strauss (1958) a étudié dans un chapitre intitulé "Le sorcier et sa magie". Parlant d'efficacité magique, il rappelle que celle-ci implique la croyance en la magie, déclinée sous trois aspects complémentaires : la croyance du sorcier dans l'efficacité de ses techniques, celle du malade qu'il soigne, ou de la victime qu'il persécute, dans le pouvoir du sorcier lui-même, et la confiance et les exigences de l'opinion collective. S'il veut exister, ce corps mystico-religieux se trouve en quelque sorte dans l'obligation de prouver l'efficacité de sa magie.

Nous sommes donc en présence d'une interprétation de l'aventure individuelle comme de l'aventure collective qui s'enracine dans le système symbolique lié au vodou. Cette explication vise à se sauvegarder comme telle : elle seule est logique pour l'individu qui ne connaît pas d'autre système culturel (Hurbon, 1988). Si le langage de la magie et de la sorcellerie venait à manquer, le vodouisant serait totalement désemparé devant le monde et la société actuelle. Ainsi, l'idée de Lévi-Strauss (1958: 191) s'avère juste : le choix de l'individu n'est pas entre ce système et un autre, mais "entre le système magique et pas de système du tout, le désarroi".

La sorcellerie haïtienne a une valeur explicative "officielle" des maux personnels, des malheurs d'ordre privé, au même titre que la sorcellerie dans d'autres régions du monde. Augé (1982 : 215) écrit en effet que la sorcellerie possède en Afrique un "statut encore proche de l'officialité". Dans les Caraïbes, la position attribuée à la sorcellerie peut être similaire pour expliquer les malheurs particuliers, notamment la maladie et la mort, mais son caractère officiel ne va pas toujours de pair avec sa visibilité. Toutefois, l'idée que la référence à la sorcellerie soit "commune" fait que l'individu qui évoque les persécutions magiques dont il fut, ou dont il est, l'objet n'a pas l'impression de se mettre en marge du groupe (Bougerol, 1997). Mais il semble qu'en Haïti l'acte thérapeutique soit tout de même considéré comme dévalorisant, notamment la recours et la consultation chez un *oungan*. En effet, j'ai pu noter à ce sujet que les *oungan*, même s'ils attirent l'œil curieux, ne sont pas forcément reconnus et valorisés par tous; parfois, des personnes qui ont fait appel à eux pour des soins préfèrent le taire (cela a été mis en avant par les études de Tremblay, Clérismé, et s'est également révélé de la même façon au cours de l'enquête). Alors que faire appel à des sorciers, c'est s'inscrire en marge, en retrait de la société en France (Camus, 1988), ce recours en Haïti est un phénomène plus commun, bien qu'il ne soit ni revendiqué ni décrié.

Venons-en à la portée pragmatique de la sorcellerie. Bien qu'il n'y ait pas de raison de remettre en doute l'efficacité de certaines pratiques magiques, il est "quasiment impossible d'évaluer les effets de la sorcellerie comme on le souhaiterait, en les reliant aux autres selon nos schémas scientifiques, car on ne peut vérifier aucune affirmation des interlocuteurs" (Camus, 1988 : 258). Les phénomènes de sorcellerie sont souvent très peu connus, car le mystère qui les entoure joue à leur profit[119], et parce que les officiants sont des initiés qui doivent obéir à des règles strictes, et notamment celle du secret. Plusieurs positions peuvent être constatées au sein de la population haïtienne : soit la sorcellerie effraie, et s'en éloigner permet alors de s'en protéger (mettre le nez dans ce genre d'affaires est une prise de risque certaine), soit son existence est déniée, en se disant que le mythe a rattrapé la réalité - la sorcellerie est alors présentée comme une théorie aberrante -, soit le manque de connaissance à son sujet implique une réserve ou une volonté de se taire[120]. Comme l'a dit Favret-Saada, la sorcellerie, est-ce que c'est inconnaissable, ou est-ce que ceux qui le prétendent ont besoin de n'en rien savoir pour soutenir leur propre cohérence intellectuelle ? C'est une question que l'on peut se poser dans la mesure où ceux qui s'intéressent au monde de la sorcellerie - et moi la première - sont bien souvent étrangers à la société étudiée.

"*Nous ne définissons pas la magie par la forme de ses rites, mais par les conditions dans lesquelles ils se produisent*"
Mauss (1950).

Magie et sorcellerie

Magie et sorcellerie réclament une distinction sur le même modèle que celle entre magie et religion, modèle développé notamment dans une perspective évolutionniste qui instaure trois étapes de la pensée humaine: magie, religion et science. Certains voient dans la magie le maléfice, alors que la religion serait, elle, uniquement curative (Hoffmann, 1990). D'autres voient dans la religion une plus grande part de liberté individuelle, la religion demande là où la magie commande (Kerboull, 1973). Plutôt que de prendre part aux débats visant une distinction entre la magie et la religion, ne pourrait-on pas parler d'agents, d'actes et de représentations "magico-religieux", à l'instar d'Olivier de Sardan (1995: 148), et considérer que les savoirs techniques populaires - et parfois scientifiques même s'ils se sont constitués en principe contre cette démarche magico-religieuse - "peuvent parfaitement s'entrelacer et se combiner de façon indiscernable et en toute légitimité". Dans la pratique, on ne peut faire le partage entre les deux, même si l'acte magique a souvent été interprété comme relevant plus de la technique que de la

119- Si les logiques répressives ont pu faire du tort aux pratiques de sorcellerie - notamment au temps des colonies, où, dans un climat de méfiance, la répression sociale qui visait les pratiques magiques était si forte qu'elle atteignait aussi la médecine populaire (Chaudenson, 2003) - elles lui ont également servi, car ne pourrait-on pas se dire que ce qui est réprimé par l'ennemi, ici le colon, peut être sujet, par effet de contradiction, à une valorisation ?

120- Comment interpréter ceci : *m'tande pale sou kout poud mè m'pa konn anyen* (j'en ai entendu parler mais je ne sais rien) ? Cette phrase était récurrente. Une interprétation première voudrait qu'effectivement l'informateur n'en connaisse rien, une autre, plus méfiante, imaginerait la possession de connaissances, mais volontairement tues.

religion, car les acteurs sociaux y recourent le plus souvent dans le cadre de préoccupations pragmatiques (bien que tous les actes magiques n'aient pas une intention d'action directe).

Jusqu'à aujourd'hui, l'anthropologie et l'histoire sont les disciplines pour lesquelles ce phénomène a présenté beaucoup d'intérêt. Cette distinction courante est reliée aux concepts de "witchcraft" et "sorcery", avancés par Evans-Pritchard durant les années 1930 chez les Zandé du Sud Soudan. Cet auteur a construit une distinction entre *sorcery*, ou magie instrumentale, et *witchcraft*, magie opérant sans l'aide d'un support matériel. Par *sorcery*, il désigne la pratique consciente et volontaire d'actes magiques, acquise lors d'un apprentissage, qui visent à nuire par l'utilisation de substances et de formules. Il s'agit d'une pratique volontaire qui résulte d'un apprentissage et qui ne peut agir que par des formes et des moyens spécifiques. Pour Bougerol (1997 : 76), la sorcellerie antillaise est de type instrumental : "c'est la *sorcery* de l'anthropologie africaniste de langue anglaise, c'est-à-dire les malheurs sont attribués à un individu qui volontairement a décidé de nuire". Le terme *witchcraft* renvoie par contre à une capacité innée de nuire, qui peut s'exercer à l'insu du "sorcier". Qu'en est-il de la sorcellerie haïtienne ? Est-elle uniquement instrumentale, utilisée à des fins maléfiques ? Cette distinction tenue depuis lors pour essentielle recèle tout de même des ambiguïtés, car dans la réalité, ces deux types de magie ne sont pas toujours exclusifs l'un de l'autre, guère plus que les "forces surnaturelles" qui sont mises en jeu dans l'un et l'autre cas. On peut dire qu'entre les deux extrêmes, s'installe un "champ de variance "qui ne permet pas une prise de position définitive.

Il me semble en effet, suite à la recherche entreprise, que la séparation est beaucoup moins nette dans la réalité. Un *oungan* - ou *bòkò* - peut utiliser les deux types de pratiques, et, au niveau de l'acquisition des connaissances, il peut combiner une origine divine (don) et un apprentissage par l'intermédiaire d'un "maître". Le profil d'un des *oungan* rencontré permet d'inscrire sa pratique comme relevant de la *sorcery*; toutefois comment pouvons-nous interpréter le fait que son pouvoir provienne d'une élection par un *lwa* ? Est-ce inné ou acquis ? On distingue souvent la magie blanche, pouvant être de deux ordres, défensive ou offensive, de la magie noire des sorciers. Bien que cette opposition entre magie (blanche) et sorcellerie (magie noire) soit dite essentielle au vodou, on veut souvent mettre entre ces formes de magie (offensive et défensive, blanche et noire), une différence indépassable : la spécificité de la sorcellerie serait le "fantasme de la dévoration sans médiations extérieures", celle de la magie, "des actions bénignes de protection ou de défense" (Hurbon, 1988 : 261-262). Un autre critère de distinction voudrait que, à la différence des pouvoirs simplement magiques, les "pouvoirs de sorcellerie requièrent toujours la participation d'un tiers"[121]. Mais les catégories conceptuelles ne se reflètent pas toujours de manière identiques dans la réalité et les nuances sont de mise.

Une autre différenciation, non plus entre magie noire et blanche, mais entre "basse" et "haute" fut rencontrée au cours des recherches : la haute magie est celle qui "se dégrade pour ne plus être qu'une basse magie ne reculant pas devant la mystification avec l'usage de futiles pratiques de sorcellerie" (Beauvoir-Dominique, 2003 : 65). De cette manière, la basse magie serait celle qui abuse de ses pouvoirs à des fins malhonnêtes, et l'autre devrait être considérée comme une magie conventionnelle, conforme aux principes et aux objectifs de la société. Une magie correspondant aux normes de la société s'opposeriat ainsi à une magie dont les intentions seraient déviantes, contre la norme. Dans cette perspective, Malinowski et Evans-Pritchard avaient proposé une théorie fonctionnaliste de la sorcellerie, selon laquelle celle-ci présente des éléments qui permettent de la penser comme une instance de contrôle social. Mais cette théorie doit être revue dans la mesure où les accusations de sorcellerie n'engendrent pas toujours une rééquilibration des rapports sociaux. Les notions de magie bénéfique et de sorcellerie maléfique doivent être relativisées car la réalité est bien plus complexe, ce que révèle d'ailleurs très bien le cas haïtien. C'est au travers de la figure du sorcier en Haïti que nous allons voir, même s'il s'agit de croyances qui attribuent la responsabilité des malheurs inexpliqués aux intentions malfaisantes d'individus munis de pouvoirs surnaturels - les sorciers -, qu'il convient de s'interroger sur leur marge de liberté, ou sur l'éventuelle correspondance à une certaine demande sociale ?

En outre, il n'est pas inconcevable que des sorciers-prêtres se réfèrent à la fois "à la magie blanche dans la franc-maçonnerie et à la magie noire dans les sectes lucifériennes"[122]. Cette hypothèse, selon laquelle les oungan seraient caractérisés, à l'instar des thérapeutes et des malades en quête de guérison, par une multifonctionnalité et une diversité de pratiques et de représentations faisant appel à des logiques pragmatiques, et à un bricolage incessant, était déjà énoncée par Métraux (1958) lorsqu'il disait qu'il n'existe pas de réelle frontière entre magie et religion : ce sont moins les "connaissances" et la nature de ses fonctions qui distinguent le oungan du sorcier, que l'usage qu'il en fait. Les sorciers, magiciens et "thérapeutes religieux" s'approprient des éléments extérieurs à leurs pratiques afin

121- Thomas, dans l'introduction du livre de Camus (1988 : 8).

122- Pour Tremblay (1995 : 247-250), ce sont là "deux ordres magico-religieux appartenant à la tradition chrétienne (...) On observe l'influence de la franc-maçonnerie, pour les procédures de guérison qui font appel à la magie blanche, et à l'influence des rituels lucifériens qui relèvent de la magie noire. Ces influences magiques peuvent être de tradition occidentale, juive ou arabe selon les relations extérieures développées par Haïti au cours de son histoire".

d'augmenter leur éventail de remèdes. Selon Benoist (1980), les éléments du système médical, en particulier les agents thérapeutiques, peuvent fort bien emprunter à d'autres systèmes sans modifier pour autant la base.

Le sorcier, *oungan* ou *bòkò* ?

La distinction que l'on veut instaurer entre magie et sorcellerie, et quelque part entre le bien et le mal si l'on ramène ces concepts à ceux du christianisme, doit être selon moi, et parce que mes recherches m'ont amenée à ce questionnement, rapportée à la différence qui existe, ou qu'on veut faire exister entre *oungan* (prêtre) et *bòkò* (sorcier). Bastide (1966:150) a montré que "le sorcier (*bokor*) ne se confond pas avec le prêtre; le prêtre, du moins théoriquement, ne travaille que pour le bien, alors que le bokor ne travaille que pour le mal". L'exclusivité du bien pour le oungan et du mal pour le *bòkò* n'est à mon avis que théorique, d'une part parce que les concepts de bien et de mal ne peuvent être définis de façon péremptoire, n'ayant non plus de validité universelle, et d'autre part parce qu'il est difficile de différencier ces deux aspects au sein d'une même personne. La distinction théorique entre les deux se base sur plusieurs critères. Qu'est-ce que le *oungan* ou *bòkò* donne à voir de sa pratique ? Comment est-il possible de les classer sans émettre un quelconque jugement ? Les rôles sont-ils définis à l'avance ? Plusieurs idées m'amènent à penser qu'en fait de magie ou de sorcellerie, nous avons plutôt affaire à des magiciens ou des sorciers. Quoiqu'en disent les théories autour de l'analyse des représentations, il me semble que le oungan agit également en fonction de ses propres principes, et qu'il suit ce que lui dicte sa conscience. Mais, il faut tout de même éviter de prendre le biais inverse selon lequel tout l'appareil du bòkò ne serait fait que d'"inventions et des supercheries" (Mauss, 1950 : 24), renvoyant à une théorie "simpliste" de la magie qui spéculerait sur l'intelligence ou la "malice" du *bòkò*.

Le *bòkò* est celui que l'anthropologie traditionnelle qualifierait de sorcier, et il intervient suite à la visite chez un *divinò* (devin) lequel aura pu identifier l'origine la malveillance. Un *bòkò*, en Haïti, est un spécialiste des questions surnaturelles, et il a en outre la réputation de "travailler des deux mains", alors que le *oungan* ne travaillerait que d'une seule main - la droite[123]. On pense qu'avec l'aide de certains *lwa* dont c'est en quelque sorte la spécialité, beaucoup de oungan acceptent de "travailler de la main gauche" en fournissant poisons, philtres et envoûtements. Pourtant Romain (1981 : 90) a montré que le vodou instaure des interdits, comme

123- L'imaginaire haïtien serait-il également marqué par la primauté de la main droite ?

la "défense de servir les dieux de la "main gauche" ou encore de servir "des deux mains", c'est-à-dire l'interdiction de détourner vers un but maléfique les forces spirituelles mises à leur disposition en vue du bien. Selon Maximilien (in Barthélémy & Girault, 1993 : 66), la pratique de la "main gauche" est une "sortie hors des normes éthiques du groupe", une déviance qu'il conviendrait d'enrayer. Dès lors, l'origine du malheur est toujours attribuée à la méchanceté d'un ou plusieurs sorciers, "affamés du malheur d'autrui" (Favret-Saada, 1977 : 21). Il semble qu'en Haïti les personnages de l'envoûteur (le sorcier) et du désensorceleur, celui qui tente de renverser l'ordre "surnaturel" des choses imposé par le sorcier, celui qui a choisi d'utiliser ses forces pour le bien et qui est capable de conjurer les opérations maléfiques, ne fassent qu'un seul et même personnage. *Se moùn ki konn voye kout poud, ki konn trete'l tou* (c'est celui qui est à l'origine du coup de poudre qui est à même de le soigner). Ceci revient à posséder tout à la fois "le pouvoir de la guérison et celui de la vengeance" (MacAlister, 2003 : 134).

Lwa rasin /lwa achte

Souvent, la distinction qui est faite entre ces deux domaines de la magie, entre ces deux types de pratiques admet que le *bòkò* se réclame généralement du rite *Petwo*, d'origine essentiellement africaine (bantoue) mais également créole, alors que le oungan, vu comme plutôt inoffensif, se dit appartenir au rite *Rada*, ou *Ginen*, c'est-à-dire dahoméen (de la Guinée), lequel serait plus proche des origines africaines. Mais, au-delà de ces distinctions théologiques, je n'ai pu que remarquer la récurrence de l'appui sur une éthique religieuse, émanant de ceux qui se revendiquent du "bon" côté, qui utilisent la "bonne" main. Une *mambo* me répétait souvent : *se moùn desan nou ye* (nous sommes des gens décents), pour se démarquer de "ces gens-là", indécents donc, qui utilisent leurs savoirs et pouvoirs thérapeutiques à des fins malsaines. Cette insistance montre l'importance accordée à la qualité morale du guérisseur.

La légitimation de la pratique magique par son caractère moral, et par conséquent l'inscription des pratiques de sorcellerie dans le non-recommandable, voire l'interdit, le "punissable", est fréquent et il peut être énoncé de plusieurs sortes, en référence à Dieu et au Diable - la sorcellerie est une magie qui "vole Dieu" -, au Bien ou au Mal - le *bòkò* est celui qui est capable de "faire le Mal"[124]. Et en ce sens, le *bòkò* haïtien serait un personnage arrogant, qui se sert d'un pouvoir que le *fran Ginen*, ou celui qui suit le rite *Ginen* de manière moralement "pure", ne toucherait même

124- Le nom donné aux petites Antilles pour ce personnage est le quimboiseur : il s'agit d'un terme à connotation péjorative car il désigne un individu capable d'envoyer des mauvais sorts, de " faire le Mal " ou de lutter contre eux.

pas. Je me suis également demandée au cours de l'enquête ce qui poussait le *bòkò* a décider d'accomplir tel ou tel acte - car en ce qui me concerne, je n'ai pas rencontré de *bòkò* agissant seulement pour son compte (c'est-à-dire un sorcier au sens de *witch*) car il s'agissait toujours d'une réponse à une demande, celle-ci étant généralement appuyée par un somme d'argent. Et lorsque j'ai posé la question au *oungan* spécialiste du *Kout Poud*, il m'a répondu que ce n'était pas lui qui décidait de répondre à une requête, se *lwa k konnen* (c'est l'esprit qui sait, qui décide). Sa capacité d'action est limitée, et ses actes sont préalablement décidés par l'esprit, le *oungan* n'étant plus que l'officiant, rendu par là même non responsable car obéissant à quelque chose qui lui est supérieur. Mais à l'instar des questions suscitées à la lecture d'Haïti, paysage et société (Ans, 1987), une hypothèse voudrait que la moralité des actes du *oungan* se fasse en partie en fonction de ce qu'il décide en son âme et conscience.

La question de la moralité intervient également au niveau de l'origine du statut. Comment devient-on *oungan/mambo* ou *bòkò* ? Est-ce inné ou acquis ? En fait, il n'y a pas mille façons de devenir thérapeute-sorcier : soit c'est inné, par héritage familial, soit c'est acquis, par l'achat ou l'appel des esprits. La transmission familiale fait appel aux *lwa rasin*, ou *lwa eritaj* (Kerboull, 1977), ce sont les *lwa* hérités au sein du groupe familial restreint qui se transmettent de génération en génération, sans que les enfants aient réellement le choix de décider. Cela fait partie du bagage familial, c'est-à-dire que l'on est réclamé par les *lwa* de ses ancêtres, autrement nommés par une *mambo pyebwa lwa* (le *pyebwa* étant l'arbre, cela correspondrait à l'esprit souche). Cette magie relève de *fran Ginen*, au sens où l'action du "serviteur" ainsi que celle des *lwa* avec qui il se met en rapport ne peut s'exercer que pour le bien, c'est-à-dire dans le sens de l'homéostasie du lignage. Les rapports entre fidèles et *lwa* peuvent s'établir de diverses façons. Pour résumer, Hoffmann (1990 : 114) écrivait que "chaque haïtien est sensé avoir des *lwas*-racines (...) Il peut avoir été consacré à la naissance à un *lwa*. Il peut aussi être choisi - ou s'offrir lui-même - pour adepte par un *lwa* qui se manifeste en songe, ou au cours d'une cérémonie, ou encore par le truchement du *houngan*".

Une autre façon de devenir thérapeute, *oungan* ou *bòkò* est l'appel des esprits, traduction de : "*se lwa ki rele ou*". Et quand un *lwa* vous appelle, vous ne pouvez refuser. Généralement au cours d'un rêve ou d'une cérémonie, cette acquisition peut également s'effectuer par ce qu'on appelle un rituel d'affliction, autrement dit le fait que l'on ait soi-même été malade, et que cette maladie ait quelque part donné la capacité de devenir thérapeute à son tour. Cette anecdote m'a été racontée à propos de la maladie *Kout Poud* qu'une personne avait contractée, et à la suite de laquelle il avait consulté un *oungan*; depuis lors, il est devenu lui-même *oungan* et il pratique à Paris depuis plusieurs années. Toutes ces raisons qui amènent l'individu à devenir *oungan* sont caractérisées par leur imposition, à savoir le fait que l'individu soit déterminé et qu'il ne possède pas la liberté de choisir. Pour ce qui est des *lwa achté* au contraire, nommés également *lwa dyab*, il est nécessaire de passer par une cérémonie d'initiation, sans quoi le pouvoir mystique et/ou médical ne pourrait être attribué. Les esprits ne sont pas des *lwa* d'héritage comme peuvent l'être tous les autres. Ils ne se sont pas révélés eux-mêmes à leurs serviteurs et ne passent pas dans l'héritage sacré des enfants de l'individu qui en a fait l'acquisition auprès de quelque *oungan* (Kerboull, 1973). Ces *lwa achté* font la plupart du temps référence à des alliances avec le Mal, des pactes avec des "esprits sataniques" (Degoul, 2000), nécessitant généralement d'importantes sommes d'argent, qui permettent à l'individu d'obtenir des *pwen*, c'est-à-dire des pouvoirs magiques.

Dans tous les cas, la légitimation du pouvoir médical et religieux se fait par "référence à une relation privilégiée avec une entité supra-humaine" (Taverne, 1997 : 11). En ce sens, la relation du thérapeute ou du prêtre/sorcier avec le divin, entretenue par la prière, est la condition première à son efficacité. Au sein du groupe, le critère moral ou amoral est défini par cette question de l'origine des pouvoirs magiques. Les individus rencontrés au cours de l'enquête ont voulu me faire comprendre que seuls ceux qui manifestent la volonté d'acquérir un pouvoir, en achetant des *pwen* et des *lwa*, sont capables de procédés maléfiques. Dans la même optique, celui qui possède depuis toujours des pouvoirs surnaturels, ou qu'un esprit a appelé, ne peut pas être "foncièrement" méchant, il respecte le cadeau qui lui a été fait. C'est au contraire celui qui a quelque part "changé sa nature" qui est imprégné d'intentions malsaines. Ces débats me font penser aux *batay chapèl* (batailles de chapelles), comme me l'avait si bien dit un professeur, c'est-à-dire à une sorte de lutte ancestrale qui ne révèle en fait rien de plus que la volonté, pour un côté comme pour l'autre, de légitimer sa propre pratique, de la valoriser en discréditant celle de la chapelle d'à côté. La figure du charlatan permet d'illustrer cet aspect.

La lutte pour la légitimation est parfaitement révélée par la **figure du charlatan**, et tous les aspects qu'on lui attribue. Comment distinguer le charlatan du *bòkò* (sorcier utilisant la magie noire) ou du *oungan*, le "bon" du "mauvais" médecin-sorcier ? La logique sous-jacente - "eux font mal", donc implicitement "ce que je fais moi c'est bien" - est récurrente tant au niveau du *oungan* que de la médecine en général. Lorsqu'un médecin ou *doktè-fèy* justifie sa pratique de cette manière, on est enclin à se demander si ce n'est pas seulement pour la légitimer ? N'a-t-on pas besoin de légitimer que ce qui nécessite justification ? On se met à l'écart de certaines pratiques - le plus souvent en leur attribuant un caractère péjoratif, en les dévalorisant. Par exemple, lorsque l'on entend que "cette forme de médecine traditionnelle [liée au vodou] demeure un facteur de mal développement socio-économique et mental de notre pays" (Saint Gérard, 1984 : 45), on peut se questionner sur l'intérêt de telles remarques. Combien de fois en effet n'ai-je pas lu ou entendu ce genre de propos ? Nombreux sont ceux qui estiment que le "sous-développement" d'Haïti, que la persistance de cet état de misère sont le fait de "croyances superstitieuses", s'exprimant notamment à travers le vodou. Cette expression "mal-développement" renvoie aux attributs que l'on donne, au sein de l'idéologie évolutionniste, au "sauvage", à celui qui n'est pas encore "civilisé". De façon récurrente, cela renvoie à la crédulité attribuée aux paysans Haïtiens : "c'est parce qu'ils ne savent pas, parce qu'ils ne sont pas éduqués, et d'ailleurs, voyez le taux d'analphabétisme, ça le prouve…". Ces jugements à caractère évolutionniste ajoutent à la compréhension de la perception négative de la médecine traditionnelle en général et des divers praticiens qui y sont ou non inclus.

Le critère essentiel du charlatan est le mercantilisme, c'est-à-dire l'enjeu financier de sa pratique. En effet, la question de l'argent était souvent mise sur le tapis, et une prêtresse m'avait dit à ce sujet que le fait de ne pas demander de l'argent était généralement le signe d'un bon *oungan*, c'est-à-dire de quelqu'un qui cherche à faire le Bien : *Lwa rasin li gen dwa fè travay* ou *mè li pa mande kòb*, ou *mèt ale Pòtoprens pou li* (*moùn malad*). *Lwa rasin fè trètman pou* ou *mè li pa anvizaje lajan* (Le *lwa* racine (hérité) va faire le travail pour toi sans même demander de l'argent, tu vas même devoir aller jusqu'à Port-au-Prince pour faire un thérapie. Le lwa racine fait des traitements sans envisager la question de l'argent). Faire le travail sans demander de l'argent en retour, et même aller jusqu'à Port-au-Prince pour effectuer un traitement relève peut-être plus d'une obligation que d'un choix, car, comme l'a dit Taverne (1991 : 440) à propos du mode de rétribution de l'acte thérapeutique, "le tradipraticien est astreint à affirmer le désintéressement financier de ses actes par le fait qu'il détienne son pouvoir d'entités supra-humaines". A cet égard les explications de Quesalid[125] complètent ces assertions : "pour cette raison seulement, je crois qu'il était un chaman, [car] il ne permettait pas à ceux qu'il avait guéri de payer". En outre, les "vrais" sorciers ne sont pas des gens qui ont recours à la publicité pour se constituer une clientèle et établir leur renommée, et c'est ce qui donnerait les clefs pour distinguer l'authentique du charlatan (Camus, 1997).

Au vu d'une situation qui, si elle ne s'améliore pas, stagne, voire même empire, on assisterait logiquement à une prolifération de ces pratiques

125- Lévi-Strauss, 1958 : 196, citant les études de Franz Boas.

mercantiles d'autant plus que les gens vivent souvent dans des relations de dépendance financière avec leurs proches, suivant le principe selon lequel ceux qui ont de l'argent paient pour les autres. Cependant qu'en est-il réellement ? Déjà en 1987, Ans écrivait que, du fait de la division foncière et de la désolidarisation familiale, auparavant structurée autour du *lakou*, de plus en plus de *lwa rasin* étaient vendus à des étrangers, afin de rentabiliser leur propriété. On note en effet une progression, jugée alarmante pour certains, des pratiques de sorcellerie, dans le cadre du vodou, depuis ces dernières décennies : "cela semble correspondre à la fois à l'affaiblissement des structures originelles (*lakou*) et à la détérioration des conditions de survie. Peut-être d'ailleurs les deux choses sont-elles liées" (Barthélémy, 1989 : 35). Dans le même sens, Hurbon (2001 : 260) parle d'une crise qui affecte toute la société haïtienne et dont un des témoins serait "les flambées de croyances en la sorcellerie qui périodiquement conduisent au lynchage de personnes présumées sorcières". Tremblay (1995) par elle d'un emballement magico-religieux qui auraient produit des pratiques de guérison bien inquiétantes. Le charlatanisme augmenterait en contexte de crise sociale et symbolique, induisant la présence d'un marché de la religion qui ne manque pas d'imposteurs, de victimes, de bonimenteurs, de corrupteurs, de tyranneaux et de tyrans (Victor, 2002).

L'achat de *lwa* permettrait, notamment à travers l'obtention de *pwen*, la constitution d'une relation d'échange symbolique favorisant l'accès à la richesse. Paradoxalement, cette recherche implique de grandes dépenses, notamment à travers l'achat de *pwen* et de *lwa*, et il faut donc rembourser les dettes contractées. Une façon d'y parvenir, c'est de se faire payer par le client, ce qui permettrait de "rentabiliser" les *lwa* achetés. Mais plus que le remboursement des dettes, il est souvent entendu que les intentions des *bòkò* sont plus ambitieuses, qu'ils voudraient s'enrichir en utilisant tous les moyens possibles : "c'est l'exploiteur né de la naïveté et de la crédulité populaire (…) Il est notoirement connu comme empoisonneur (…) Il n'hésite pas devant le choix des moyens (…) envoûteur, escroc, en faisant payer chers ses traitements et ses œuvres, il devient vite un homme riche avec sa place gagnée de vive force dans la société" (Taverne, 1991 : 415). Apparemment, seuls les oungan auraient la possibilité d'une totale autosuffisance économique (Hess, 1983) par l'intermédiaire de leur pratique, les autres types de thérapeutes pratiquant généralement à temps partiel, même s'ils sont très réputés. En ce qui concerne l'insertion dans un groupe familial, il semble que, contrairement au *oungan* ou à la *mambo*, qui sont au centre d'un réseau communautaire religieux, le *bòkò* agit seul. Qu'il s'agisse d'imposteurs, de simulateurs, de personnages redoutés aux pouvoirs sans limites, les charlatans sont généralement perçus comme des "francs-tireurs", et cela confirmerait l'idée selon laquelle les thérapeutes sont individualistes, en accord avec "la tendance lourde de la culture haïtienne contemporaine qui est l'individualisme" (Giafferi, 2003 : 82).

Entre le début du XIXème, où le bòkò est perçu que comme un "vulgaire tueur à gages"[126] qui commet des meurtres "afin d'affermir son emprise sur ses ouailles et de surcroît y "trouver son compte", entendons un profit matériel", et la fin du XXème siècle, où "le soignant peut être un prêtre du Vaudou qui prodigue des soins pour mieux asseoir sa religion" (Doura, 1995 : 269), la figure du charlatan se perpétue, avec tout de même quelques nuances. Le charlatan est, en Haïti, celui qui, consciemment, utilise des techniques et savoirs thérapeutiques/magiques à des fins mercantiles - s'enrichir - ou politiques - augmenter son pouvoir. L'objectif est de posséder des moyens de pouvoir politique, économique, sociale, militaire, religieux et magique afin de se donner une position absolue et totalisante d'autorité sur les autres. Car l'on peut voir dans la recherche de pouvoir, manifeste chez certains *oungan/bòkò*, le reflet de ce qui se passe au niveau de l'État, reflétant à l'extrême la passion du pouvoir pour le pouvoir (Hurbon, 2001).

Mais alors qu'en est-il du charlatan ? Est-ce le *bòkò*, celui qui est en relation avec des *lwa achté*, qui ne travaille pas sans argent ? Et même plus, le fait-il pour l'argent[127] ? Souvent, on dit du *oungan* qu'il est mercantile, car son action serait principalement caractérisée par une "amoralité foncière" rendant les *oungan/mambo/ounsi* comme des "simples manipulateurs de forces spirituelles, elles-mêmes autant disposées à protéger qu'à nuire, sur simple demande, sans l'ombre d'un autre sentiment que celui de l'appât du gain !" (Ans, 1987 : 292). Et d'ailleurs, les *bòkò* sont-ils toujours ceux qui ont acheté des *lwa* ? Si tant est que la vision extérieure considère celui qui a acheté des *lwa* comme un simple malfaiteur, qu'en est-il de la représentation interne du sorcier ? Un *oungan* questionné à ce propos me disait que, si quelqu'un donne de l'argent et que le *lwa* ne veut pas *voye poud*, on ne pouvait l'obliger à faire quoi que ce soit. Et si l'idée lui était venue d'envoyer quand même un sort, la poudre "n'aurait pas marché". Ce qui signifie que sans l'accord du *lwa*, le poison est inopérant, et donc qu'en plus du rituel à proprement parler, il est indispensable d'avoir l'agrément du *lwa*.

Sosyete

"Les chanpwèl lancent sur les passants imprudents des Kout Poud (poudres

126- Milscent, dans *L'abeille haïtienne*, 16 octobre 1817, cité par Hoffmann (1990 : 162).

127- Kerboull (1973) ou encore Gabriel Le Rouge, 1910, Haïti social, pp. 45-46 : " Bien payé, ce bocor est capable de tout, grâce à sa connaissance des simples (...) La cause de la mort n'est point la fièvre, l'étiquette hélas sous laquelle on dissimule en Haïti (...) les empoisonnements, les morts violentes, mais bien le bòkò ", cité par Hoffmann (1990 : 162).

magiques), qui peuvent provoquer le dépérissement de l'individu jusqu'à sa mort" Hurbon (1988 : 184).

De façon très implicite, le *Kout Poud* m'a progressivement menée à l'existence, fictive ou réelle, d'organisations secrètes à l'origine de cet acte magique. Je dis "très implicite" car les groupes de personnes que l'on définit généralement par *Sosyete* sont comme qui dirait absents des activités de la vie quotidienne, dans tous les cas bien cachés. Il n'est d'ailleurs même pas besoin de dire qu'il s'agit de sociétés secrètes, et l'on parle tout simplement de *Sosyete*. Lorsque j'ai demandé à un professeur d'université (et *oungan*) de me parler du phénomène du *Kout Poud*, il m'a répondu directement : *se sosyete ki gen konesans sou sa*, en me faisant comprendre que ce sont eux que le sujet concerne[128]. Savoir que c'est à eux qu'il faut s'adresser pour en savoir plus est relativement facile, mais par contre, les rencontrer est une autre paire de manches. N'ayant pas accédé de près à ces groupes, c'est grâce aux ouvrages que j'ai pu me pencher sur ce thème, comme par exemple celui de Tremblay (1995 : 178) où il est écrit que "la société secrète des *san pwèl* sacrifie avec des procédés magiques : *kout poud, kout lè, kout mò*; type de sacrifice qui utilise des moyens indirects qui rendent fou, malade ou tuent".

Sans aucun doute le caractère principal de ces *sosyete* est le secret qui les entoure. Ce sont des organisations qui, semble-t-il, agissent à couvert, le plus souvent la nuit, et qui ne se regroupent que dans des lieux tenus cachés, ce qui laisse croire que l'essentiel est toujours gardé secret, qu'il est toujours clandestin. Le caractère secret du groupe, même si leurs membres peuvent la plupart du temps vivre normalement, impose des rituels qui ne s'affichent que rarement. Ce sont des organisations qui fonctionnent en circuit fermé, une discrétion qui donne du pouvoir à ces *sosyete*. Partant du principe que quelque chose de difficilement connaissable, et donc qui n'est pas "vérifiable", n'en rehausse pas moins, mais plus au contraire, sa valeur, les *sosyete* puisent leur force dans cette invisibilité, ce qui les rend encore plus mystérieuses et puissantes, instaurant selon Barthélémy un obstacle de plus à la pénétration du monde paysan (Barthélémy, 1989).

Autour de l'existence de ces *sosyete*, les avis divergent : pour de nombreux Haïtiens, elles existent parce qu'ils en ont entendu parler, ou parce qu'ils connaissent quelqu'un qui connaît lui-même une personne qui a un jour rencontré un de ses membres. Métraux pense quant à lui que ces sociétés sont de simples produits de l'esprit des individus, fruit d'imaginations travaillées par la magie, alors que certains estiment que

128- Il semble pour ma part que ce phénomène ne soit pas restreint aux seules Sociétés, qu'il s'étende au-delà de ces petits groupes, et tende ainsi vers une ouverture dans le domaine public. Mc Alister, (2003 : 150) cite également une chanson de Boukman Eksperyans, un groupe de "rock vaudou", qui a une chanson dont le thème est la différence entre le *Ginen* et le *Bizango*, ou *Sanpwèl*, les sociétés secrètes.

l'existence de sectes occultes ne peut difficilement être mise en doute. Cependant, partant du principe selon lequel, est réel ce qui fait sens au cœur des relations sociales, alors les *sosyete* peuvent constituer un domaine d'étude car elles sont signifiantes aux yeux de la population. Parce qu'elle est le point d'enracinement de décisions et de comportements, la croyance, même si elle n'a pas d'autre fondement préalable que l'adhésion d'un individu, est un fait, un donné (Benoist, in Lévy, 2000). En fait, peu de documents existent sur leur organisation; mais cela n'empêche pas Barthélémy (1989) de dire qu'il est évident qu'elles se sont développées et maintenues puisqu'on les retrouve aujourd'hui encore, plus vivantes que jamais[129].

Quant à savoir la position qu'elles occupent au sein - ou en marge - du système vodou, aucune réponse n'est donnée et la question fait toujours l'objet de controverses. Sont-elles partie intégrante du vodou, ou représentent-elle une déviation aberrante ? Il existe des sociétés secrètes qui portent les noms de *Sanpwèl*, *Bizango*[130], *Zobop*, *Vlenbendeng*, *Sendenden*, *Bonsante*, *Conva* (Beauvoir, 2001), peut-être modelées sur les sociétés secrètes de l'Afrique Occidentale. On ne sait pas grand chose à leur sujet, mais certainEs Haïtiens pensent qu'elles observent un rituel ésotérique et, pour ainsi dire, démoniaque. Ce sont leurs membres que l'on soupçonne de zombifier leurs ennemis, et de servir des *lwa* particulièrement redoutables qui exigent des sacrifices humains, voire la pratique du cannibalisme rituel. Ses ennemis ne voient dans le vodou qu'empoisonnements et manipulations magiques pratiquées par des charlatans. Pour ceux qui la défendent il ne s'agit là que de rares aberrations pratiquées par des marginaux (Hoffmann, 1990). Hurbon (1988) affirme que ces *sosyete* sont toutes dirigées par des *bòkò*, c'est-à-dire des prêtres-vodou, spécialistes aussi de magie et de sorcellerie. Ces organisations locales sont plus ou moins parallèles, plus ou moins convergentes avec l'organisation religieuse, et on les a parfois rapprochées des bandes *Rara* qui sortent pendant la période du Carnaval. Une chose est plus sûre, c'est la peur qu'elles suscitent auprès des populations, et peut-être que l'importance de leur fonction réside dans la terreur bien réelle qu'elles entretiennent dans l'imaginaire des populations. Il semblerait en effet que les *sosyete* constituent une sorte de recours ultime en cas de litiges, et le *bòkò* y interviendrait comme membre d'une sorte de juridiction d'appel (Barthélémy, 1989), idée que nous allons approfondir au prochain chapitre.

129- Cet auteur pense d'ailleurs qu'elles constitueraient la "branche militarisée du vodou", les reliant ainsi à "des organisations semi-clandestines qui ont prévalu dans le milieu rural parallèlement aux structures militaires" Barthélémy (1989 : 63).

130- Le terme même de Bizango signifierait "changement", d'après un chef Bizango cité par Beauvoir-Dominique, 2003 : 54 : "Bizango sert à prouver qu'un homme peut apprendre à changer. C'est pourquoi" Bizango "signifie apprendre à changer", ce qui amène à réfléchir sur une possible vocation pédagogique de cette société secrète...

Chapitre 5 :
Le *Kout Poud* : pour que justice soit faite...

C'est au cours d'un entretien avec un directeur de collège que l'idée de "règlement de comptes" a été mise en avant, cette interprétation n'étant pas ressortie des premières lectures. Il s'agit là d'une des réponses à la question du "pourquoi le *Kout Poud* existe, et pourquoi les pratiques et représentations qui lui sont associées perdurent ?". Quelles sont les raisons qui motivent les gens à demander au *bòkò* d'envoyer une poudre magique sur un individu ? Lorsque l'on s'intéresse aux pratiques magiques en général, on assiste à des essais de distinction entre une "bonne" et une "mauvaise" magie, ce que nous avons vu précédemment. Et ce problème soulève en fait des difficultés d'interprétation pour les esprits occidentaux formés à la dialectique chrétienne du bien et du mal (Heush, 1984). Ce qui effectivement paraît clair dans le vodou, c'est "le caractère meurtrier de la magie, qu'elle soit offensive ou défensive. [Mais] l'une est interdite, l'autre permise" (Hurbon, 1988 : 262). L'hypothèse selon laquelle la magie tolérée s'inscrirait dans la ligne du système éthico-juridique (c'est ce qu'a énoncé Luc de Heusch à propos des Azandé étudiés par Evans-pritchard) s'applique également au vodou. En effet, on y découvre également une magie destructrice (comme la sorcellerie) mais dite légitime. Clairement, le *oungan*, devin et exorciste, est censé rétablir la justice en travaillant à détecter et à punir l'ensorceleur, en tout cas, à lui "ré-expédier" le mal. Ce qui signifie que le *oungan* est perçu comme un justicier, et non plus seulement comme un franc-tireur, comme on a pu le voir précédemment.

Il est effectivement possible de concevoir l'acte du *Kout Poud* de cette façon, dans la mesure où un individu qui se sent redevable ou qui se sent blessé demande au *oungan* - comme il irait porter plainte ou faire une demande en justice - de punir la personne à l'origine du trouble. Et si le système judiciaire français par exemple obéit à des lois établies par écrit, il semble évident que le *oungan* se réfère lui aussi à une sorte de "code déontologique" au sein d'un ensemble collectif de normes, sous couvert du *lwa* auquel il est rattaché. Dès lors, quelle serait la différence entre un *oungan* et un criminel qui règlerait des comptes privés ? Pour Favret-Saada (1977), la différence réside, en plus d'un pouvoir mystique, dans la référence à un système symbolique, qui instaure le magicien dans la position d'un justicier reconnu, et non d'un simple malfrat. Car ce qui fait un désenvouteur, c'est le rattachement de sa force à un univers de langage pré-existant. L'insertion de l'acte magique dans un système de sens constitue en partie ce qui lui attribue une légitimité au sein de la société, en même temps qu'une efficacité.

La relation entre le *oungan* et le requerrant est multiple : celui-là peut par exemple avoir affaire à une demande concrète de la part de son client, lequel estime avoir été offensé par quelqu'un et pense qu'une correction est nécessaire. Dans ce cas-là, les circonstances sont définies clairement, et il ne reste plus au *oungan* - et/ou au *lwa* - qu'à juger de la demande, et à appliquer ou non le désir de vengeance sollicité par le demandeur. On peut également s'intéresser aux critères de définition de la validité d'une requête. Comment le *oungan-lwa* décide que le problème à résoudre en vaut la peine ? Dans un autre cas, le *oungan* est confronté à un individu malade en quête de guérison qui n'est pas forcément conscient de l'origine de son malheur. C'est alors au *lwa* de décider de mener une enquête plus fine, à partir de questionnements plus précis, effectués vers son patient ou vers l'esprit avec lequel il est en lien, durant laquelle il met en avant l'origine magique de la maladie. Commence alors un processus thérapeutique qui consiste à inverser la tendance et à "renvoyer le mal" vers celui qui en est le demandeur, et non l'auteur. Mais comment savoir qui en est le demandeur, excepté dans le cas où la personne malade s'est dirigée vers le même *oungan* que le demandeur ?

En envoyant une poudre, les *oungan* se rendent par cet acte magique coupables d'homicide; cependant ce n'est pas toujours par vénalité, et on peut supposer qu'il s'agisse en fait de vouloir "suppléer aux déficiences de la justice officielle" (Hoffmann, 1990 : 18). La demande de sorcellerie sera ici vue comme le "recours à une médiation active" (Bougerol, 1995 : 66) au sein de conflits peut-être plus privés et personnels que publics. Selon les termes d'un interlocuteur, le *Kout Poud* serait une "forme de justice primaire", un geste magique utilisé comme moyen de parvenir à ses fins lorsque l'on veut faire justice. Mais alors, pourquoi utiliser ce moyen et pas un autre ? Quelles sont les raisons qui poussent un individu à aller consulter un *bòkò* dans ce sens ? L'étude du système judiciaire actuel permettra de donner un élément de réponse à cette question.

Justice et société, la gestion des conflits

Suite aux résultats de l'enquête, j'ai pu remarquer que le *Kout Poud* sert en cas de litiges graves. L'hypothèse ici développée consiste à mettre en avant la possibilité du recours au *Kout Poud* dans la gestion des conflits inter-individuels. L'appel à la sorcellerie dans le règlement des disputes et des querelles (Bougerol, 1995) ne s'effectue en règle général qu'en dernier ressort. Les conflits qui s'expriment sur le registre de la sorcellerie concernent des antagonismes graves qui n'ont pu être résolus d'une autre manière. Car tout conflit est un processus évolutif fait d'une suite d'évènements qui ne se déroulent pas d'une façon linéaire et identique à chaque fois, et il est donc nécessaire de s'interroger sur des cas qui peuvent trouver une "expression sorcellaire".

Cette idée prolonge les dires de Tremblay (1995 : 148) à propos du pouvoir prescriptif de la religion en Haïti, car, plus que de dire "ce qu'il faut et ce qu'il ne faut pas faire", plus que la détermination d'une "substance éthique", la religion ne présenterait pas seulement les conditions nécessaires à la formation d'une conscience éthique, mais elle donnerait également les moyens d'agir, au travers de l'existence de "oungan-justiciers". Là où la frontière est floue entre le pouvoir mystique et le pouvoir politique, il est aisé de concevoir une utilisation du pouvoir magique des *oungan* à des fins politiques, et plus particulièrement judiciaires. Le peuple utilise finalement l'arme qu'il possède. En Haïti, les religions ne sont pas du tout une affaire privée, et elles s'immiscent dans la sphère du politique, de la même manière que le politique "s'accroche" au religieux.

Comme dans toute société, les conflits existent en Haïti, à un niveau collectif - nous en entendons les effets au cours des informations nationales ou internationales - et à un niveau inter-individuel également. Haïti est depuis longtemps le lieu d'un crise profonde : "économie déséquilibrée, scandales politiques et financiers de première importance, gestion politisée et inefficace du domaine social, primauté de la force sur la justice, etc" (Giafferi, 2003 : 138) Dès lors, ce qui doit être appréhendé de manière précise ne concerne "ni le vécu subjectif ni les déterminants objectifs (...) mais la mise en pratique des normes sociales" (opp.cit.). Prenons l'exemple de la courtoisie et voyons l'interprétation qui en est faite par Barthélémy (1989 : 35) : elle permet avant tout "d'éliminer, dès le premier stade, les causes possibles des conflits inter-individuels". La population se serait donc organisée localement en vue de réguler les conflits individuels, en se protégeant des insuffisances étatiques, faute d'instances d'arbitrage institutionnelles.

État du système judiciaire

Lorsqu'un individu est malade, et nous l'avons déjà étudié dans l'interprétation de la maladie, il cherche à connaître les raisons qui l'ont rendu ainsi, car rares sont les malheurs inexpliqués. Pour une personne qui a fait du tort à quelqu'un et qui en a conscience, les causes de la maladie seront très clairement définies par ses mauvais agissements. Mais c'est lorsque le malade pense ne pas avoir pêché[131] - pour utiliser une métaphore religieuse - et qu'il estime ne pas mériter le sort qui lui est fait, qu'il ira chercher une réponse à ses questions en essayant de trouver un responsable. La conception de la sorcellerie comme interprétation du malheur injustifié s'étend à une grande partie de la population, et il s'agirait là d'une "réponse culturelle à la faillite du social" (Giafferi, 2003 : 119).

C'est d'ailleurs une des raisons qui expliquerait le phénomène du Kout Poud et son utilisation dans la résolution des conflits : la "faillite" du système judiciaire, ou du moins son mauvais fonctionnement. Ce système est "sur la sellette", et Danroc (Barthélémy & Girault, 1993 : 45) parle de "justice à vendre" pour mettre en exergue le fait qu'elle soit soumise aux "magouilles" politiques et financières. Actuellement, le système judiciaire est corrompu, car des individus le manipulent à leur profit : la justice haïtienne est bloquée ou mensongère. Elle garantit l'impunité et renforce l'insécurité. Alors qu'un État démocratique est censé tendre vers plus de justice, il est fréquent d'entendre que l'État haïtien est la principale source d'injustice dans le pays. Le vide juridique qui existe à l'heure actuelle n'est pourtant pas sans demande de justice de la part de la population[132]. Et, bien que la Constitution du 29 mars 1987 ait été établie - proclamant des droits fondamentaux pour chaque Haïtien, elle n'est que très rarement respectée. Selon le juge Me Leblanc[133], "il y a un total détournement du système judiciaire à d'autres fins".

Afin d'exprimer le désespoir vis-à-vis du système judiciaire, intervient le sentiment selon lequel seul Dieu peut rendre justice en punissant les "méchants". Une interprétation du dicton suivant : *Kreyon Bon Dye pa gen gomm* (Le crayon du Bon Dieu n'a pas de gomme) amène à penser que Dieu ou la Providence devient la seule vraie mémoire, dans la mesure où la société se reconnaît incapable de s'en donner une et donc de prendre en charge son destin Hurbon (2001). L'administration est corrompue, dépourvue de règles formelles, et les pots-de-vin sont de rigueur[134]. Ces

131- "On consulte le *houngan* ou la *mambo*, témoins des malheurs injustes qui sont survenus, pour connaître l'origine de son infortune", Mabille, dans le Catalogue d'exposition du Centre Culturel de l'Abbaye de Daoulas (2003 : 117).

132- Ce serait selon Hurbon (1997 : 17) "cette demande insistante qui précisément annonce une mutation culturelle dans notre société".

133- Lors d'un entretien sur le fonctionnement actuel de l'appareil judiciaire haïtien, cité par Hurbon (opp.cit : 21).

134- J'ai pu suivre en Haïti les démarches d'amis qui étaient en demande de papiers - il s'agissait d'une carte d'identité. Il leur a fallu passer par des réseaux informels de connaissance, des gens dont le deuxième métier était de "magouiller". Ils ont dû leur donner de grosses sommes d'argent en liquide, à l'avance, afin de recevoir les documents plus rapidement. Les démarches ont duré plusieurs mois, et, après maints soubresauts, ils ont finalement réussi à obtenir les documents. Mais, même de façon officielle, suite à une observation dans la salle d'attente d'un tribunal, j'ai assisté à la corruption d'une secrétaire : elle écrivait

attitudes amènent encore plus l'individu à se résigner face à l'injustice présente[135] car comment, dès lors, imaginer porter plainte pour un conflit que l'on a par exemple avec son voisin, étant donné que l'on ne voudra peut-être pas dévoiler la querelle ? Si l'on veut passer par le système judiciaire en place, il faut être patient et riche, et nous sommes alors enclins à imaginer que certains veuillent se débrouiller autrement, car, même si de l'argent sera également demandé, le résultat se fera sûrement sentir plus rapidement. Nombreux sont ceux qui passent désormais leur temps à mettre en œuvre une stratégie qui leur permette de se protéger, de trouver justice ailleurs, parce que l'État, le gouvernement est absent. Le système officiel est donc détourné, et c'est au citoyen lui-même de prendre l'initiative de ses mécanismes de défense s'il veut suppléer au manque institutionnel.

Ainsi, la défense des intérêts ne s'exprime plus que dans cet espace juridique et pénal laissé libre par l'absence d'État, de justice officielle reconnue, de codes et de lois acceptés par tous. Ce bilan de la situation judiciaire est à prendre en compte dans l'existence du Kout Poud, car ce sont les systèmes "officieux" tels que la sorcellerie - devenant ainsi le régulateur des rapports de crise entre les individus - qui en profitent. On confie dorénavant soit à la nature et aux dieux le soin de faire justice, soit on organise et on prépare une vengeance par l'intermédiaire du *bòkò* - et c'est le cas du *Kout Poud* - ou, à l'inverse - ce qui reviendrait au même - "à entreprendre des actes de vengeance à chaud comme les *dechoukaj* ou les lynchages de personnes présumées bandits, voleurs ou sorciers ?" (Hurbon, 2001 : 14-15). Alors, plus qu'une justice personnelle, le *Kout Poud* serait une forme de justice collective mais officieuse, car non institutionnalisée par l'État, qui permettrait aux individus de réparer les torts qui leur ont été causés.

<u>Yon *Kout Poud* : poukisa ? Motivations de la demande</u>

Afin d'illustrer cette question, étudions un éventail de justifications du *Kout Poud*. Parmi celles-ci, reviennent fréquemment les circonstances suivantes : la jalousie et la vengeance. *Jalouzi rann lòm movè* (la jalousie rend l'homme mauvais). La persécution magique du *Kout Poud* consiste à

---

une lettre à la machine, assez lentement, et quelqu'un lui posa un billet sur la table; cela eut pour effet d'accélérer nettement la procédure (elle rangeait d'ailleurs les billets sous sa machine à écrire, d'un geste anodin) et elle rendit la lettre au propriétaire - celui qui avait donné l'argent - quelques instants plus tard.

135- "L'injustice au sens strict est la marque de notre société, à cause du refus des règles applicables ou imposables à tous sans exception. Les lois elles-mêmes viendraient fonder cette injustice structurelle". (Hurbon, 1997 : 13). Et certains arrivent même à penser que cette injustice est tellement enracinée qu'elle en devient une caractéristique de la "mentalité haïtienne" car "si ailleurs dans le monde, la justice est possible, pour Haïti, la barbarie est une seconde nature" (Hurbon, 2001 : 101).

déposer une poudre sur tout objet de la personne que l'on jalouse. Dans son enquête sur les Pouvoirs sorciers, Camus (1988) construit une typologie des affaires rencontrées, en relation avec les motivations : il distingue la vengeance, liée à des motifs économiques ou à des mobiles sentimentaux, de la jalousie, soit économique soit amoureuse, puis les deux conjugués. Nous allons voir ici que les critères économiques et sentimentaux qui entrent en ligne de compte se développent parfois de manière multiforme. Au même titre qu'aux Antilles, où la "jalousie", pourtant décriée, est "le mobile qui rend compte de la quasi-totalité des conflits qui s'expriment sur le registre de la sorcellerie" (Bougerol, 1997 : 15), on peut dire qu'en Haïti, la jalousie est également un des facteurs explicatifs des actes de sorcellerie. Appréhendée par Bougerol (1997) comme l'expression d'un lien social fort, ce sentiment de jalousie, prenant sa source dans les interactions, ne conduit pas systématiquement à la magie maléfique, car il arrive que le "jaloux" se satisfasse par des moyens moins violents, ou qu'il ne concrétise pas du tout ses désirs. Afin de comprendre dans quelle mesure la jalousie et la vengeance sont évoquées, il est nécessaire de chercher les origines possibles, et non exhaustives, du conflit. L'hypothèse directrice renvoie à l'idée selon laquelle le *Kout Poud* est peut-être la conséquence de conflits personnels, que l'on ne souhaite en aucun cas voir étalés sur la voie publique[136].

La richesse

L'envie - qui est différente de la jalousie, laquelle s'enracine dans la peur de perdre ce que l'on possède déjà - est ce qui découle du désir d'acquérir quelque chose qu'autrui possède. A cet égard, les inégalités sociales prégnantes en Haïti ajoutent du crédit à cette explication. Car, bien que l'envie soit un sentiment "indissociable du tissu des échanges sociaux" (Clément, 2003), elle est, je pense, à rapprocher de son existence au sein de sociétés fortement inégalitaires et socialement hiérarchisées. Ne sommes-nous pas enclins à imaginer que l'envie soit d'autant plus ressentie dans une société où la balance de l'équité sociale est disproportionnée, où les disparités sont telles qu'elles peuvent mettre mal à l'aise. De façon extrême, l'envie est alors vue comme une finalité en soi. Giafferi (2003:349-350) pense que "dans cette société passionnément inégalitaire, (...) le bien-être lui-même n'existe dès lors plus que mesuré à l'envie qu'il est apte à susciter chez autrui". Cette façon de voir l'autorise à concevoir l'existence d'un "renchaînement avec la pensée sorcière". Partant du principe selon lequel le riche est d'autant plus riche qu'il est

136- Car, à l'instar de Bastien (1985 : 134) : "Il est difficile d'imaginer qu'un paysan, aussi attentif à fuir le scandale que désireux de sauvegarder les secrets de sa vie intime, puisse inventer des histoires abracadabrantes et aller les jeter en pâture à une cour de justice pour obtenir une séparation légale, comme ont l'habitude de faire les gens des villes".

entouré de pauvres, l'écart entre les deux extrêmes est bien plus flagrant lorsque le riche expose sa richesse. Car dans une atmosphère de rivalité, montrer sa réussite est aussi une façon de prouver sa "force", celle qui est issue de la magie défensive. Enoncée de façon corrélative à l'envie, la vantardise, se manifestant notamment au cours des ragots (*zen*), serait à l'origine de la jalousie. Bougerol (1981 : 127) disait à ce propos que "la première chose dont il faut se garder est le bavardage, surtout s'il est inconsidéré ou se teinte de vantardise; la modestie et la modération sont de rigueur, car la vantardise crée des jaloux qui pourront être amenés à recourir à des sortilèges, à des pratiques magiques contre celles qui se sont ainsi vantées". Ainsi, la meilleure façon de ne pas avoir d'ennui est de faire comme si on ne remarquait rien des avantages des autres. Aux Antilles, les individus établissent un enchaînement entre le sentiment de jalousie, les commérages et la sorcellerie.

La prospérité d'une personne peut par exemple se manifester dans la construction d'une villa en bord de mer. Cela peut être le cas d'un "diaspora", c'est-à-dire un Haïtien qui a fait fortune à l'étranger et qui revient au pays. L'agression liée à la persécution magique, réelle ou imaginaire, est souvent générée par le fait de paraître privilégié, d'une façon ou d'une autre. On pense en outre qu'une réussite spectaculaire dans le domaine professionnel ou politique peut découler d'un contrat passé avec un *lwa* particulièrement dangereux, lequel n'hésitera pas à exiger en contrepartie un sacrifice humain (Hoffmann, 1990). Une réussite exceptionnelle est jugée suspecte d'une familiarité avec la sorcellerie, d'une accointance et d'un pacte avec le diable. Il en va parfois de même pour la chance. Pour beaucoup de pratiquants des rites vodou, tout est question de "chance", et on peut remédier au manque d'une bonne étoile en consultant un *oungan*, surtout lorsque l'on en a les moyens financiers. "La misère comme la fortune ne sont que des mouvements du sort et les inégalités sociales sont ainsi appréhendées par cette catégorie de pensée qui fait des possédants des personnes mieux armées mystiquement que les autres (...) Ce recours supposé des gens riches à la magie est considéré comme une chose normale, presque légitime, et c'est sous cet angle que sont fréquemment décrits les rapports d'exploitation qui soumettent à leurs employeurs de pauvres travailleurs, zombifiés ou hypnotisés à coups de livres magiques" (Giafferi, 2003 : 118).

De plus, il existe une conception selon laquelle le succès de l'un empêche nécessairement celui de l'autre. L'appropriation de biens supplémentaires se ferait ainsi toujours au détriment des autres. Si dépasser le niveau minimum vital commun est considéré, soit comme de l'ambition, soit comme une anomalie, c'est parce que l'accumulation individuelle constitue selon Barthélémy (1989 : 179) un "phénomène anormal pour le groupe". Et, bien que les excès puissent être sujets à contrôles, il n'en reste pas moins que les écarts sont énormes. A ce niveau, l'accumulation de richesses met la personne en position non seulement de victime, car elle est susceptible de faire des envieux et donc de se voir volée et/ou attaquée, mais également de suspect potentiel, dans la mesure où les actes magiques demandés au *bòkò* nécessitent souvent de fortes sommes d'argent. La sorcellerie est à la fois à la source de richesses et d'infortunes diverses. Dès lors, si quelqu'un est "trop prospère, il excite les jalousies et parmi les gens de sa connaissance beaucoup sont tentés de le ruiner, pour le seul plaisir de l'abaisser, et parfois même de le tuer, par sentiment d'envie" (Métraux, 1953 : 47). Susciter l'envie chez autrui est-il le prolongement de la volonté d'instaurer ou de perpétuer des rapports de domination ?

Le travail

L'envie suscitée par la richesse s'inscrit dans un cadre plus large qui est celui du travail. "Réussir dans ses affaires", c'est, déjà, avoir des affaires, un emploi qui permet de subvenir aux besoins de sa famille. Le plus souvent, les femmes qui travaillent ont un *ti djòb* (petit travail), c'est-à-dire qu'elles tiennent une *boutik* (boutique) dans lesquelles elles revendent des produits de première nécessité issus de l'importation, ou qu'elles revendent des produits agricoles sur les marchés. Quant aux hommes, ils offrent leurs services aux divers commerces ou dans les marchés pour le chargement et le déchargement des camions. Souvent, les individus cumulent plusieurs emplois; cette "multi-activité" fait que "les ruraux sans terre et les jeunes sans capital vont chercher des *djòb* journaliers pour des tâches agricoles ou sur des chantiers, que ceux-ci soient organisés par des entrepreneurs privés ou par des collectivités, organisations internationales, ONG ou structures de l'État"[137]. En milieu rural, la recherche de revenus "extra-agricoles" présente une importance significative pour de nombreux individus. De fait, de nombreux Haïtiens migrent, à l'intérieur ou à l'extérieur du pays, pour le travail.

Cette situation économique fait qu'il y aurait en Haïti un rapport très particulier au travail, où l'on préfèrera "faire un coup" qui permettra de tenir une semaine sur ses réserves, plutôt que de s'assurer une revenu régulier (Giafferi, 2003). La notion de salariat a été largement expliquée, et surtout son non fonctionnement au sein de la société haïtienne. Barthélémy (1989) estime d'ailleurs qu'il s'agit d'un élément incompatible avec le système auto-régulé mis en place par le "pays en dehors", essentiellement parce qu'il autorise une accumulation d'argent. Cette

137- Kermel-Torres et Roca, dans Barthélémy et Girault, 1993 : 340-342.

carence de travail, ou en tous cas la mauvaise répartition et rémunération, pourrait être à l'origine de la demande de persécution magique.

Lanmou

Et si l'argent est un critère retenu pour expliquer les raisons de l'envoi d'une poudre, il en est un autre qui est fréquemment cité, autant par mes interlocuteurs que par des auteurs : il s'agit de " l'amour ", ou plus précisément des relations matrimoniales. Kerboull (1973 : 79) donnait dans son ouvrage sur le vodou l'exemple de "Jamie, jalouse, qui a essayé de se venger de sa rivale" en préparant elle-même une poudre, et en la répandant à proximité de l'habitation de la personne à qui étaient destinés le mélange et les mauvaises intentions. L'expression consacrée pour qualifier deux femmes qui "partagent", ou du moins qui sont avec, le même homme est le terme de *matlòt*. L'une d'elles peut ressentir le besoin d'"éliminer sa concurrente" et elle fera alors appel à la sorcellerie. Derrière cette expression se cache souvent l'idée d'un combat, et l'on dirait ici qu'il s'agit de deux femmes qui se "crêpent le chignon", se battent pour être "la préférée", généralement parce que l'une (ou les deux) s'est rendue compte qu'elle n'était pas la seule à partager le lit de son homme. Mais l'exemple des *matlòt* n'est pas unique, et bien qu'il puisse être un des moteurs de la demande, l'ensorcellement peut également satisfaire la requête suivante : "défaire un plaçage" pour s'attirer les faveurs d'un homme. Une méthode consiste à augmenter ses chances de séduire l'homme désiré en rendant la femme jalousée plus laide : il s'agit de préparer une poudre maléfique qui, une fois en contact avec la peau de la personne visée, enlaidit en provoquant des tâches, des boutons sur tout le visage. La personne ainsi atteinte perd tout son charme. Cette affection dermatologique concerne apparemment "surtout les belles femmes" (Delbeau, 1990). En Haïti comme aux Antilles, la jalousie amoureuse est perçue comme un sentiment normal. Elle n'est d'ailleurs l'objet d'une condamnation que dans le cas où elle pousse celui qui l'éprouve à des comportements déviants : violences physiques ou magiques, harcèlement (Bougerol, 1997). C'est pour cela que la plupart des sentiments de jalousie ne donnent pas lieu à un acte de sorcellerie.

Afin de mieux saisir les circonstances précédemment évoquées, il convient de faire une mise en contexte des relations matrimoniales et de l'organisation familiale existant en Haïti. La forme d'alliance traditionnellement utilisée est le "plaçage", qui est une sorte d'"union libre" exempte de mariage officiel. Dans *Le paysan haïtien et sa famille*, Bastien a analysé la différence qui existe entre le mariage et le plaçage (mariage informel sans enregistrement), et il a montré en fait comment le recours au premier dépend essentiellement des possibilités économiques des conjoints. Mais on peut tout de même s'interroger sur la crédibilité à accorder à ces propos dans la mesure où, si des "revendications" existent de la part de femmes placées, elles concernent plus souvent des motifs économiques. En effet, la femme est généralement celle qui s'occupe de l'éducation des enfants, et si le père est absent, il y participe par le versement d'un pension, qui n'est pas le fait d'un acte en justice, mais qui est donné de façon régulière pour subvenir aux besoins de la famille et des enfants. La famille ne peut être uniquement interprétée comme un fait de culture, la poursuite d'une valeur, car il faut nécessairement y inclure l'aspect économique, dans la mesure où la vulnérabilité financière, et donc sociale, de certains membres de la famille, proche ou éloignée, renforce la "fonction économique de l'unité familiale" (Houtart et Rémy, 2000 : 168).

Le système de parenté est "classiquement" patrilinéaire, mais cette impression n'est qu'apparemment conforme car l'usage qui est fait de cette organisation paternaliste s'effectue sous couvert d'un fonctionnement matrifocal de la famille. En comparaison au système français, les relations familiales recouvrent une "réalité juridique et des pratiques sociales tout à fait différentes des nôtres" (Ans, 1987 : 242). Le concept de matrifocalité (Mulot, 2000), construit à partir de l'étude des sociétés afro-américaines basées sur l'esclavage, renvoie à une organisation des relations familiales centrée autour de la mère. En outre, la forme de mariage coutumier qu'est le plaçage est en effet le plus souvent bigame ou polygame, et les relations entre les différentes femmes, si elles ont lieu, étant donné qu'elles ne connaissent pas toujours l'existence de l'autre, peuvent parfois occasionner des tensions. Cette forme de "polygamie fonctionnelle" consiste, pour l'homme, à avoir des relations avec plusieurs femmes. Ceci se passait auparavant au sein du même *lakou*, mais à l'heure actuelle, et surtout en ville, les relations ont quelque peu changé.

Faire la démarche de consulter un *oungan* pour lui demander d'envoyer de la poudre n'est pas anodin, d'autant plus qu'elle requiert une grosse somme d'argent, et les tensions sous-jacentes aux relations matrimoniales peuvent constituer une des raisons pour lesquelles on fera appel à ses services. Mais nous allons voir maintenant que des tensions peuvent survenir plus généralement du fait d'une confusion entre deux systèmes : le droit coutumier et le droit positif.

Droit coutumier et droit positif : l'exemple des conflits terriens

L'une des caractéristiques de la vie quotidienne en Haïti - peut-être est-ce ainsi dans de nombreux pays du Sud - est le "chevauchement continuel du public et du privé", une constante confusion des deux sphères, avec pour conséquence que l'individu finit par perdre[138] tous les repères symboliques capables de l'aider à s'orienter dans ses rapports avec autrui et avec le monde. Ainsi, l'institution publique qui, normalement, doit être le lieu de contrôle des citoyens, est en quelque sorte livrée à elle-même (Barthélémy, 1989). L'État est faible en Haïti et emprunt d'un processus de "déresponsabilisation" qui consiste à "rabattre l'ordre du politique sur ce que l'on pourrait appeler ici du "social-caritatif". Pour Hurbon (2001), cette confusion entre la loi et la coutume, entre le privé et le public est symptomatique de l'indifférence générale face à la problématique du droit. En fait de confusion, il s'agit plutôt d'un chevauchement entre un état de droit, instauré notamment par la légalité formelle et la constitution de lois, et un état de fait, le droit coutumier. Ans parlait déjà en 1987 d'un "divorce généralisé" entre les deux instances d'énonciation des principes, l'une écrite et plus effective dans les zones urbaines, et l'autre relevant de pratiques coutumières ayant cours dans les campagnes. Mais ces deux formes de droit existent de façon simultanée dans l'un et l'autre périmètre, amenant à des situations parfois inextricables, auxquelles peut se surajouter une exploitation de leurs contradictions par des individus informés de la situation.

Et cette confrontation entre deux logiques juridiques se manifeste notamment dans les conflits terriens. En Haïti, il existe ce que l'on peut appeler un problème foncier, du fait de l'absence de cadastre officiel[139] et d'un partage des terres qui a eu lieu en dehors de règles formelles, et donc écrites. Au cours d'une émission radiophonique, Yves Saint Gérard avançait quelques chiffres pour montrer l'ampleur du problème : 60% des terres appartiennent à 3000 personnes, et 1.5% des propriétaires terriens détiennent 65 % des terres. Ce qui signifie que la majorité des terres est détenue par une minorité, et que la plupart des paysans qui y travaillent n'en possèdent que l'usufruit : c'cst la pratique du fermage (location d'une terre pour un montant et une durée déterminés). Officiellement, la propriété est indivise, ce qui est énoncé par le droit positif, alors que dans la réalité, c'est le droit coutumier qui est effectif et qui donne lieu au travail sur la terre. Dès 1961, Moral (1961 :179) soulignait déjà l'importance de pratiques historiques Haïtiens, autour des divergences qui se manifestent "entre la loi écrite et la coutume successorale, imprécise et changeante". Pour Giafferi (2003 : 106), c'est le contrôle de la terre, et ce dès l'indépendance, qui est "l'enjeu central de conflits sociaux". Actuellement, les terres sont extrêmement morcelées - 94% des exploitations agricoles

138- Et à se rattacher dans une même logique à des croyances religieuses : "Dans la défaillance de l'opposition entre sphère privée et sphère publique, le converti [au pentecôtisme] est porté à croire en une dissémination du mal, donc des forces diaboliques partout, sur les routes, les rues, les trottoirs, et les marchés, bref dans tous les espaces censés être sous le contrôle de l'État" (Hurbon, 2001 : 238).

139- "Aujourd'hui encore, en l'absence de tout cadastre, on peut considérer que l'État haïtien possède encore théoriquement quelque chose comme la moitié du territoire national" (Ans, 1987 : 195).

ne dépassent pas trois hectares -, et il est donc difficile d'imaginer une redistribution de celles-ci.

Il existe donc une insécurité dans la "tenure de la terre", quand le propriétaire ou l'occupant ne bénéficie pas de couverture suffisante du point de vue légal pour garantir, dans le temps et l'espace, sa propriété ou sa possession. Considérant la terre comme une richesse, on constate que l'accumulation des terres existe mais elle est viagère (Barthélémy, 1989). Et la non-adéquation entre deux référents, positif et coutumier, en l'absence de cadastre et d'état civil, prive le petit propriétaire de toute justification, facilitant dès lors les entreprises de dépossession, là où "la force du droit disparaît au profit du droit de la force" (Victor, in Barthélémy et Girault, 1993 : 320). La juxtaposition de deux systèmes juridiques entraîne des paradoxes - on cite parfois trois ou quatre générations de titres de propriété, tous légaux et officiels mais datant de différentes époques pour la même parcelle de terre - qui permettent à certains des excès de pouvoir, et notamment la multiplication des coups de force pour entrer en possession de la terre. Ainsi les litiges fonciers peuvent être "le lieu de conflits sanglants"[140], et le problème de la terre provoque des querelles d'héritage qui ne pourront pas toujours être résolues de façon définitive. Mais le paysan ne dispose d'aucun mécanisme institutionnel apte à gérer les conflits qui surgissent autour de la propriété, du fait de leur extrême complexité. Ans (1987 : 256) montre bien les ambiguïtés qui existent au sein du système foncier en Haïti. Pour lui, selon que l'on adopte tel ou tel point de vue, on pourra par exemple soutenir en toute bonne foi que "l'État possède la majorité des terres, ou qu'il n'en détient réellement presque plus du tout", et que "les paysans sont presque tous propriétaires, ou au contraire qu'il existe une immense majorité de paysans sans terres". Pour sanctionner les infractions, la magie, la sorcellerie et autres procédures mettant en jeu le surnaturel valent plus que les actes d'un notaire ou la peur de la police. Ce qui semble récurrent dans la résolution des conflits au sein de la population paysanne est le recours à l'argument mystique et surnaturel, même si certains se dirigeront vers la justice officielle[141].

Et si on fait parfois appel aux tribunaux pour résoudre des problèmes liés à l'insécurité foncière, il peut être nécessaire, pour éteindre la flamme,

140- Hurbon (2001). Giafferi (2003 : 137) donne l'exemple d' "une localité au nord du pays où les luttes des paysans contre la spoliation de leurs terres ont été réprimées dans un bain de sang,et les conflits terriens ont été ravivés par la crise politique".

141- "Je travaille sur les problèmes fonciers en Haïti (...) Or, le statut foncier dominant en Haïti, c'est l'indivision, avec ce que cela entraîne comme problèmes de succession, d'héritage... La majorité des conflits qui arrivent devant les tribunaux de paix sont des conflits autour de l'héritage et de la succession", dixit Oriol, in Barthélémy et Girault (1993 : 70). Pour ce qui est de la proportion des conflits terriens réglés par la justice officielle, il semblerait qu'elle soit minime, étant donné l'extrême complexité que ceux-ci sous-tendent (Victor, opp.cit)

de provoquer une solution par le mariage[142], méthode moins violente que le recours à un sorcier. À propos du règlement des confits terriens par la sorcellerie en général, et du *Kout Poud* en particulier, il paraît logique, compte tenu de l'"imbroglio foncier", que certains individus fassent appel à un tiers dans la résolution de tels conflits. Cette réponse m'a souvent été donnée lorsque je questionnais les gens au sujet des motivations liées au *Kout Poud.* Toutefois il s'agit peut-être d'exceptions qui n'ont pas lieu d'être généralisées.

La notion de vengeance

La vengeance est une notion qui va être traitée à part des autres, car elle peut être une motivation incluant des critères économiques, matrimoniaux, fonciers... Dans tous les cas, il s'agit d'une réaction défensive, car elle fait suite au sentiment d'avoir été blessé, lésé, trahi, c'est un *ayisman*. Et si elle est parfois reprochée, il arrive que l'envie de vengeance soit souvent vue comme la cause d'un *Kout Poud*, ou de tout autre acte de sorcellerie. Vouloir se venger d'une personne implique un sentiment de haine auquel le recours au sorcier pourra donner suite. Ce sentiment peut même rester après la mort : dans la culture vodou elle-même, une mort par assassinat est censée continuer à crier vengeance par son "esprit" qui vient hanter le groupe auquel appartient la victime (Hurbon, 2001). A propos du *dechoukaj*, on a pu dire que cette forme de justice expéditive est avant tout l'expression d'une "pulsion aveugle de vengeance"[143], comme si la vengeance n'était que justice privée, individuelle, pratique purement instinctuelle. En prolongeant cette façon de penser, on arrive à distinguer, outre une vengeance divine - pour laquelle il faudra attendre[144] que le "malheur" frappe celui qui nous a fait du tort -, une forme de vengeance directe - le *dechoukaj* - ayant pour résultat la mort, et une forme indirecte utilisant l'intermédiaire d'un sorcier, et dont les conséquences se situent au niveau de la santé ou des condition de vie. Pour Hurbon (2001), c'est parce que la population ne pouvait recourir ni à l'intervention de l'État ni aux codes et règles offerts par la coutume pour la gestion des conflits qu'elle a eu recours à ce procédé.

142- "Les paysans s'efforcent d'y mettre fin par une politique de mariages, qui assure le règlement transgénérationnel des conflits" (Ans, 1987 : 263).

143- Mais elle serait peut-être plus, comme l'a dit Hurbon (2001 : 103) un appel à la vengeance : "Le *déchouquage* n'a pas correspondu à des actes de vengeance, comme on l'a souvent dit ici et là. Il appartiendrait bien plus au registre d'un appel désespéré à une vengeance qui ne s'est guère réalisée, il renverrait à un processus de destruction des bases de la société, à une perte, ou si l'on veut encore, à une déperdition des codes qui permettent une mise ensemble des individus (...) Perte de confiance dans le pouvoir judiciaire et dans le pouvoir policier, le *déchouquage* est une protestation qui n'aboutit pas, un désir de vengeance non satisfait".

144- *Jistis Bon Dye se kabwèt bèf* (La justice de Dieu est comme un char à bœufs) : elle va très lentement mais elle arrive toujours. Proverbe cité par Bastien (1985 : 138).

Il me semble que l'on peut prendre appui sur le modèle développé par Barthélémy, selon lequel la population aurait élaboré un système d'auto-régulation pour sa survie, pour essayer de comprendre les stratégies individuelles au sein d'un ensemble collectif défaillant, voire hostile. Car ce modèle est construit à l'origine pour expliquer la constitution d'un "pays en dehors", par l'opposition créole/bossale, basé sur l'égalitarisme, et qui serait une réaction au système esclavagiste. Ce concept d'auto-régulation, qui ne me semble d'ailleurs pas une caractéristique proprement haïtienne, peut être étendu à plusieurs domaines de la vie sociale : le commerce, qui est peut-être le plus flagrant, la médecine, le pluralisme religieux, pouvant être lus à partir de cette notion, et le sujet qui nous a intéressé dans ce chapitre : l'auto-régulation judiciaire et la gestion des conflits. Ainsi, que ce soit pour les injustices, considérées comme telles par les victimes, pour des règlements de comptes ou pour la résolutions de conflits latents, la population aurait créé, ou au moins fait perdurer, un système de régulation qui ne nécessite pas l'intervention de l'État. Et c'est là qu'interviendraient les "justiciers-prêtres-thérapeutes". Mais on peut se demander, au niveau national, à quelle fréquence ont lieu de telles actions? Quelle est l'ampleur du phénomène de construction d'un système judiciaire parallèle ?

Conclusion :
Variations sur un même thème

Point de départ à cette étude, la maladie, parce qu'elle est au point d'articulation de tous les autres faits de culture, peut être utilisée comme instrument d'investigation de la société (Kalis, 1997). Le *Kout Poud* est le nom donné à un ensemble de maladies selon des critères bien spécifiques, car aucune maladie à proprement parler n'est en elle-même attribuée à un ensorcellement, à une pratique magique liée l'envoi d'une poudre. Un tel diagnostic provenant du thérapeute s'effectue en fonction d'un regroupement circonstancié de symptômes, dans lequel la durée et l'effet de surprise sont les principales caractéristiques autorisant la définition précise de l'étiologie. Par l'imputation d'une causalité, et la recherche de l'origine - l'envoi d'une poudre - la maladie est rattachée à tout un système symbolique pour une large part issu du vodou. En tant que pratique de sorcellerie, le *Kout Poud* a pour conséquence une altération biologique et/ou psychique. Lors de son itinéraire thérapeutique, la personne souffrante rencontre divers guérisseurs, et notamment celui qui émet l'hypothèse de la persécution et de l'existence d'un personnage malfaiteur. On se rend compte que la thérapeutique accorde une importance capitale au *oungan*, car il est à la fois à l'origine de la maladie, bien que l'on assiste apparemment à une ouverture de l'approvisionnement au domaine public, et du traitement. Deux cas de figures se présentent alors : soit la personne n'a pas "mauvaise conscience", et estime n'avoir rien à ne reprocher, elle cherchera donc, au cours de l'interprétation thérapeutique, un traitement, une explication et un malfaiteur potentiel; soit le patient connaît l'origine du maléfice et sollicite le oungan afin que celui-ci "renvoie le mal" sur l'ensorceleur. Les études anthropologiques faites sur la sorcellerie, et notamment les théories fonctionnalistes, abordent généralement les rôles sociaux, politiques et thérapeutiques d'une telle pratique. Ces aspects étant pour une large part déjà connus, la fonction judiciaire du *Kout Poud* est en quelque sorte intervenue sur le parcours. Le recours à un sorcier, et à ses pouvoirs magiques, est ici vu comme la solution ultime à un conflit jugé grave, suite à un défaut d'intervention de l'État ou à une absence de règlement du litige par la pratique coutumière.

Dans l'étude du *Kout Poud* en Haïti, quelques perspectives de recherche ont été décelées : En effet, m'étant intéressée aux représentations de la maladie ainsi qu'aux pratiques thérapeutiques à l'œuvre dans le domaine de la médecine dite "traditionnelle", je me suis aperçue qu'il existait de nombreuses interactions entre le secteur biomédical et le secteur traditionnel et/ou populaire, notamment au niveau de l'usage de certains médicaments "chimiques" au sein de rituels thérapeutiques inscrits dans la sphère religieuse du vodou. Et c'est par l'intermédiaire d'objets - les médicaments - qu'il serait permis d'approcher les pratiques et représentations qu'ils sous-tendent. Ainsi, la question de l'efficacité, les enjeux sociaux et politiques liés à l'approvisionnement, la logique des itinéraires thérapeutiques, les catégories nosologiques populaires et biomédicales, l'appropriation et l'adaptation thérapeutique à de nouveaux objets, l'existence ou non de pratiques que l'on pourrait qualifier de "néo-traditionnelles", seront des thèmes qui mériteraient d'être abordés afin d'accéder à une connaissance en profondeur de la maladie et de la médecine en Haïti.

Au terme de ce travail, qui se voulait davantage une prospection, un préalable à une autre recherche plus poussée, il convient de mettre en avant les idées fortes de cette étude afin de poser les jalons donnant porte ouverte à des perspectives plus larges, à des pistes de recherche qui mériteraient d'être approfondies. Plusieurs thèmes "transversaux", qualifiés ainsi parce qu'ils sont ressortis dans chacun des champs d'étude, peuvent être mis en exergue :

- La constante recherche de l'origine, et l'activité de mise en accusation que celle-ci induit, ainsi qu'un travail de déresponsabilisation effectué corrélativement aux deux premiers.
- La question de la distance et du positionnement que le malade doit envisager avec le sorcier dans sa quête de guérison. Doit-il "couper les ponts" et se rendre chez un autre sorcier ou doit-il renouer les liens avec le même sorcier, partant du principe que poison et antidote proviennent d'un seul et même homme ? La circonscription de l'action du sorcier dans une sphère géographique limitée peut être concevable, encore que la réputation de certains sorciers dépasse le secteur communal, mais en ce qui concerne sa circonscription lignagère, elle demande approfondissement. Cette notion de distance est alors abordée à propos des relations qui unissent l'initiateur de l'acte en sorcellerie et la victime. Car si les conflits en sorcellerie peuvent être issus de la communication extra-

familiale (Favret-Saada) ou intra-familiale (Bougerol), il semblerait qu'en Haïti elle englobe les deux domaines et qu'elle ne se réfère pas explicitement à l'un ou à l'autre.

- Cette idée ressort de l'étude sur le vodou et de sa demande d'officialisation, ainsi qu'au sujet de la disponibilité de la poudre, laquelle serait peut-être l'objet d'un trafic. Le champ de la sorcellerie aurait-il tendance, en plus de s'étendre hors du strict lignage, à une sorte de mise dans le domaine public de la sorcellerie comme gestion des conflits, alors qu'une telle pratique serait traditionnellement restreinte à la sphère privée ?

Deux positionnements étaient récurrents au cours de l'enquête, et ils illustrent bien les deux biais qui existent lorsque l'on s'intéresse au *Kout Poud*. D'une part, la tendance à expliquer de manière rationnelle un phénomène qui pourtant emprunte à un registre symbolique (là où le *Kout Poud* a ses raisons que la raison ne connaît pas), il s'agirait par exemple de ne pas se départir du paradigme biomédical dans l'étude de la maladie, et d'autre part le penchant inverse qui consiste à ne voir que ses aspects mystiques au détriment de sa réalité biologique et de son insertion dans le champ plus large du politique. Il semble que dans la société haïtienne, faite d'un entrelacs de croyances et de valeurs non exclusives, les questions relatives à la gestion de la maladie et de l'infortune sont révélatrices à la fois "de zones peu formulées de l'être-au-monde, mais de courant sociaux qui les portent"[145].

N'ayant jamais fait l'objet d'enquêtes, ce thème de recherche s'inscrit le plus souvent dans une perspective dévalorisante liée à l'"exotisme". Bien souvent, ce sont les pratiques mystiques qui sont étudiées, peut-être pour conforter, autant les autochtones que les étrangers, dans l'idée que ce pays recèle de nombreux mystères. Mais pour ne pas ajouter à ces préjugés, j'ai tenté dans ce travail de ne pas tomber dans l'excès symboliste et mystique. Finalement, la question peut se résumer ainsi : quelle est la "position épistémologique"[146] à adopter pour l'étude du *Kout Poud* ? Il semblerait qu'elle consiste ici en un juste équilibre entre deux tendances lourdes : rationalisation et mystification. Ce qui m'amène à un autre aspect

145- Benoist à propos de la Réunion, in Cherubini (1999 : 30).

146- Massé (2002 :19) : "La position épistémologique est fondée sur les croyances fondamentales du chercheur liées à la nature de l'objet de recherche et à la posture qu'il doit adopter face à cet objet (...) En fait, l'indétermination et la pluridimensionnalité des épaisseurs du vécu font en sorte qu'au prix d'un minimum de violence interprétative, tout modèle (théorique, épistémologique et méthodologique), permettra de saisir une partie significative de cette réalité interprétée par la population et reconstruite par le chercheur. Les anthropologues n'ont pas eu à attendre les dénonciations de l'ethnographie postmoderne pour reconnaître que leur travail consistait, partiellement, en une reconstruction de la "réalité", biaisée par la discipline académique, l'ethnie, le sexe et la classe sociale d'origine du chercheur". Les aléas du terrain, les présupposés théoriques, les contingences méthodologiques et les "découvertes" inattendues font partie d'un itinéraire complexe plus ou moins masqué".

omniprésent au cours de cette recherche, qui consiste en une tendance bipolaire, voire une perspective volontairement manichéenne. Les avis sur ce thème, comme sur le vodou en général ou la médecine traditionnelle, se résument souvent à un "pour ou contre", et je serais ici tentée de dire que le *Kout Poud* en tant que représentation et pratique sociale est sujet à une sur-dévalorisation. En effet, qu'il fasse référence à une interprétation liée à la sorcellerie - en ce sens peu crédible aux yeux de ceux qui n'y croient pas -, que son traitement s'effectue par des thérapeutes religieux mis en marge de la médecine, qu'il se réfère à un système symbolique souvent mal considéré (le vodou), et qui est à certains égards relégué au rang de superstition encore aujourd'hui, le *Kout Poud* est considéré de part et d'autres de façon plus ou moins péjorative.

Le *Kout Poud* est une notion complexe qui peut tout aussi bien, selon le contexte, renvoyer à un nom - désignant alors la ou les maladie(s) - à un ensemble de pratiques thérapeutiques, à des représentations déterminant l'étiologie et les circonstances d'apparition du mal, à un système de sens - en lien avec la magie et la sorcellerie vodou-, à une méthode de gestion des conflits. Selon les contextes d'élocution, ce terme désigne des domaines d'activités et de représentations fort différents, mais toujours en interaction. Ce fut donc un point de départ restreint qui s'est élargi au fur et à mesure des questionnements. Aussi, plus qu'une réelle problématique, cette étude rend compte d'une pluralité d'axes de recherche relatifs au même thème. La méthode de cette enquête s'est effectuée à partir d'un schéma appliqué à la construction des pratiques et représentations en société post-coloniale, mieux que le syncrétisme ou la créolisation, le terme d'"agglutination" convient pour qualifier la démarche et le cheminement intellectuel de ce travail.

Glossaire

inspiré par le Catalogue d'exposition du Centre Culturel de l'Abbaye de Daoulas sur le *Vaudou*, 2003, Paris, Éditions Hoëbeke.

Asson : instrument de musique.
Bizango : société secrète.
Bòkò : ce terme, dérivé du mot fon *bokono* (prêtre), s'applique généralement au *oungan* qui pratique de la magie noire, ou "travaille des deux mains".
Doktè fèy : thérapeute qui soigne avec des remèdes à base de plantes.
Dechoukaj : action de "déraciner", d'arracher une souche; par extension, nom donné aux vengeances populaires exercées contre les duvaliéristes après le départ de "Bébé Doc", qui s'accompagnera de persécutions de prêtres vodou.
Fanm saj : accoucheuse, docteur-feuille et femme de bon conseil.
Fran Ginen : prêtre qui suit les rites *Ginen* (c'est-à-dire *Rada*) par opposition à celui qui "travaille avec les deux mains".
Lafièv : catégorie nosologique populaire signifiant "la fièvre".
Lwa : être surnaturel, esprit dans le vodou.
Lwa-rasin : esprit ancestral hérité dans une famille.
Mambo : prêtresse vodou.
Marassa : jumeaux divins.
Matròn : sage-femme, accoucheuse "traditionnelle"
Nanchon : nation dans le vodou haïtien.
Nanm : l'âme, la conscience, l'énergie créatrice.
Oungan : prêtre vodou.
Ounsi : initiée et fidèle assistante des prêtre(-sse)s
Pakèt Kongo : petit sachet spirituellement chargé.
Rara : bandes masquées liées à des sociétés vodou qui défilent de janvier à Pâques.
Wanga : arme magique ordinaire.
Zenglendo : société secrète; en langage commun, bandes armées rançonnant les gens.
Zombi : individu dont un sorcier a enlevé l'âme et qu'il a réduit en servitude. Le zombi est en quelque sorte un mort vivant.

Bibliographie

- ADJANOHOUN E, CUSSET G, ISSA L, KEITA A, LE BRAS M., LEJOLY J.
Notice pour la collecte et l'entrée des données, Banque de données de Médecine traditionnelle et pharmacopée (PHARMEL), Agence de coopération culturelle et technique, 2ème édition, 1994.
- ALLMAN S.
Étude ethnolinguistique du lexique de la fécondité et de la maternité en créole haïtien, Thèse de Doctorat de 3ème cycle, Ethnolinguistique, Université de Provence, 1983.
- AMIR M.
Les cueillettes de confiance, plaisirs et savoirs traditionnels des plantes en Luberon, Les Alpes de Lumière, Mane, Haute-Provence, Parc Naturel Régional du Luberon (préface de Pierre Lieutaghi), 1998.
- AMOURETTI M.C., COMET G.
Des hommes et des plantes, plantes méditerranéennes, Aix-en-Provence, Publications de l'Université de Provence, 1993.
- ANGLADE G.
L'espace haïtien, Montréal, Éditions Presses de l'Université de Québec, 1975.
- ANS (d') A. M.
Haïti, paysage et société, Paris, Éditions Karthala, 1987.
- AUBOURG M.
"Divination dans le vaudou", *Bulletin du Bureau d'ethnologie*, Série 2, n°12, Port-au-Prince, 1955.
- AUGE M.
Pour une anthropologie des mondes contemporains, Paris, Flammarion, 1994.
Non-lieux, Introduction à une anthropologie de la surmodernité, Paris, Seuil, 1992.
Génie du paganisme, Paris, Gallimard, 1982

- AUGE M. & HERZLICH C.
Le sens du mal : anthropologie, histoire, sociologie de la maladie, Paris, Éditions des Archives Contemporaines, 1991.
- BARE J.F.
Les applications de l'anthropologie, Paris, Karthala, 1995.
- BARRAU J.
"Les hommes et le milieu naturel à la Martinique", in *Environnement africain*, pp. 31-48, 1978.
"L'ethnobotanique au carrefour des sciences naturelles et des sciences humaines ", in *Bulletin de la société botanique de France*, 118 (3-4), pp. 237-248, 1971.
"De l'homme cueilleur à l'homme cultivateur : l'exemple océanien", in *Cahiers d'histoire mondiale*, 10 (2), pp. 275-292, 1967.
- BARRAU J., PEETERS A. & GILLOIRE A
Etude comparative des facteurs socio-culturels relatifs à la santé et à l'environnement dans les Petites Antilles, CNRS, Action thématique programme "Santé et environnement", 1986.
- BARROS J.
Haïti de 1804 à nos jours, Paris, L'Harmattan, 1989.
- BARTHELEMY G.
Créoles-Bossales, Conflit en Haïti, Guadeloupe, Ibis Rouge Editions, 2000.
La culture haïtienne en 1998, cadre de réflexion pour un plan directeur et une politique culturelle, PNUD, 1998.
Dans la splendeur d'un après-midi d'histoire, Port-au-Prince, Edition Deschamps, 1996.
Le pays en dehors : Essai sur l'univers rural haïtien, Port-au-Prince, Editions Deschamps / CIDIHCA, 1989.
- BARTHELEMY G. & GIRAULT C.
La Républlique haïtienne, état des lieux et perspectives, Paris, Karthala, 1993.
- BASTIDE R.
Anthropologie appliquée, Paris, Payot, 1971.
"Mémoire collective et sociologie du bricolage", in *L'année sociologique*, 221, pp.65-108, 1970.
Les Amériques noires : les civilisations africaines dans le Nouveau Monde, Paris, Payot, 1967.
Le candomblé de Bahia, Paris-La Haye, Mouton, 1958.
- BASTIEN R.
Le paysan haïtien et sa famille, Paris, Karthala, 1985.
- BEAUVOIR M. G., DEFILIPPS R. A., WOLPERT B.J.
Selected medicinal plants of haitian vodou, Department of Systematic

Biology - Botany, National Museum of Natural History, Smithsonian Institution, Washington, 2001.
- BEBEL-GISLER D. & HURBON L.
Cultures et pouvoir dans la Caraïbe, langue créole, vaudou, sectes religieuses en Guadeloupe et en Haïti, Paris, L'Harmattan, 1987.
- BENOIST J.
Petite bibliothèque d'anthropologie médicale : une anthologie, Paris, Karthala, Amades, 2001.
Soigner au pluriel, essais sur le pluralisme médical, Paris, Karthala, 1996.
Anthropologie médicale en société créole, Paris, Presses Universitaires de France, 1993.
"Pharmacopée populaire : agent technique, médiateur symbolique ?", in *Ecologie humaine*, 5 (2), pp.25-37, 1987.
"Quelques repères sur l'évolution récente de l'anthropologie de la maladie", in *Bulletin d'ethnomédecine*, 19, pp.51-58, 1983.
Les carnets d'un guérisseur réunionnais (Ariste Payet), Saint-Denis-de-la-Réunion, F.R.D.O.I., 1980.
"Médecins, malades et guérisseurs dans une société polyethnique", in *Environnement africain*, 1 (4), pp.43-69, 1975.
- BENOIT C.
Corps, jardins, mémoires. Anthropologie du corps et de l'espace à la Guadeloupe, Paris, Editions de la Maison des Sciences de l'Homme, 2000.
"Origine des savoirs ou images du corps ? De la notion de chaud et de froid à une théorie des humeurs en Guadeloupe", in *Cahiers d'études africaines*, 148, 37 (4), pp.863-890, 1997.
Les frontières du corps : Perception du corps à la Guadeloupe à travers les représentations et pratiques liées à la maladie, l'espace habité (case et jardin de case) et l'exercice des thérapeutiques traditionnelles, Paris, Doctorat de l'Ecole des Hautes Etudes en Sciences Sociales, 2 vol. (334p et 145p), 1989.
- BERNABE J., BONNIOL J.L., CONFIANT R., L'ETANG G.
Au visiteur lumineux, des îles créoles aux sociétés plurielles : mélanges offerts à Jean Benoist, Matoury (Guyane), Ibis Rouge Editions, Presses Universitaires Créoles, 2000.
- BERNABE J., CHAMOISEAU P., CONFIANT R.
Eloge de la créolité, Paris, Gallimard, 1989.
- BERNAND C.
La solitude des renaissants. Malheur et sorcellerie dans les Andes, Paris, Presses de la Renaissance, 1985.
- BERSEZ J.
Pouvoir et vertus des bains et poudres magiques, Paris, Edition du Lion d'Or, 1996.

Remèdes et pratiques étranges à l'Ile de la Réunion, Guérison par les plantes, formules d'autrefois pratiquées de nos jours. L'influence de la magie malgache et hindoue, Paris, Tecdim, 1974.

- BONTE P., IZARD M.
Dictionnaire de l'ethnologie et de l'anthropologie, Paris, Presses Universitaires de France, 1991.

- BORDES A.
Évolution des sciences de la santé et de l'hygiène publique en Haïti, Port-au-Prince, Publication du Centre d'Hygiène familiale, Tome 1, 1980.

- BOUGEROL C.
Une ethnographie des conflits aux Antilles. Jalousie, sorcellerie, commérages, Paris, Presses Universitaires de France, 1997.
"Jalousie et lien social à la Guadeloupe", in *Ethnologie française*, 22 (2), pp.135-143.1981, *La médecine populaire à la Guadeloupe*, Thèse de doctorat en ethnologie, EHESS Université René Descartes, Paris 5, Sorbonne, dirigé par Mr Condominas, 1992.

- BOULLARD B.
Plantes médicinales du monde, croyances et réalités, Paris, ESTEM, 2001.

- BOUTEILLER M.
Médecine populaire d'hier et d'aujourd'hui, Paris, Maisonneuve et Larose, 1987.

- BRELET C.
Médecines du monde, histoire et pratiques des médecines traditionnelles, Paris, Editions Robert Laffont, 2002.

- BRODWIN P.
Medicine and morality in Haïti : the contest for healing power, Cambridge, Cambridge University Press, 1996.

- BRUTUS T.C, PIERRE-NOEL A.V.
Les plantes et les légumes d'Haïti qui guérissent : mille et une recettes pratiques, Port-au-Prince, Imprimerie de l'État, Tome 2, 1960.
Vaudou, Catalogue d'exposition du Centre Culturel de l'Abbaye de Daoulas, 2003, Paris, Editions Hoëbeke.

- CAYEMITTES M., PLACIDE M.F., BARRERE B., MARIKO S., SEVERE B.
Enquête Mortalité, Morbidité et Utilisation des Services EMMUS-3, Ministère de la Santé Publique et de la Population, Institut haïtien de l'enfance, Pétionville, Haïti, 2000.

- CAILLOIS R.
L'homme et le sacré, Paris, Gallimard, 1950.

- CAMUS D.
Jeteurs de sorts et désenvoûteurs. Enquête sur les mondes sorciers : la

délivrance, Paris, Flammarion, 1997.
Pouvoirs sorciers, Enquêtes sur les pratiques actuelles de sorcellerie, Paris, Editions Imago, 1988.
- CARRICABURU D. & COHEN P. (dir.)
Regards croisés sur la santé. Itinéraires de recherche en anthropologie et en sociologie, n°2, Collection Innovations et Sociétés, 2002.
- CHAUDENSON R.
La créolisation : théorie, applications, implications, Paris, L'Harmattan, 2003.
CHERUBINI B. (dir.)
La recherche anthropologique à la Réunion, vingt années de travaux et de coopération régionale, Paris, L'Harmattan, 1999.
"Jardins médicinaux urbains de guérisseurs en Guyane Française : un réseau haïtien", in *Écologie Humaine*, 6 (1), pp.41-71.
- CLASTRES P.
La société contre l'État : recherches d'anthropologie politique, Paris, Éditions de Minuit, 1974.
- CLEMENT F.
"L'esprit ensorcelé. Les racines cognitives de la sorcellerie", in *Terrain 41*, Poésie et politique, pp.121-136, 2003.
- CLERISME C.
Recherches sur la médecine traditionnelle dans l'aire du projet intégré de santé et de population du district sanitaire de Petit-Goâve, Port-au-Prince, Ateliers Fardin, 1981.
- CLERISME C., ANTOINE J.R., LYBERAL J. (dir.)
Etude sur la situation de la médecine traditionnelle en Haïti, Organisation Panaméricaine de la Santé, Organisation Mondiale de la Santé (OPS/OMS), Rapport final, 2003.
- Collectif, Ministère de la Santé Publique et de la Population, Organisation Panaméricaine de la Santé, Organisation Mondiale de la Santé Port-au-Prince.
Analyse de la situation sanitaire, Haïti 1996.
- Collectif, Centre de recherches sociales et de diffusion populaire
Haïti, Terre délabrée, Port-au-Prince, Haïti, 1990.
- Collectif, Centre d'étude d'Afrique noire
L'État de droit. Sources d'information sur vingt pays d'Afrique et Haïti, Paris, Ibiscus, 1997.
- COPANS J.
Introduction à l'ethnologie et à l'anthropologie, Paris, Nathan, 1996.
- COPPO P. & KEITA A. (dir.)
Médecine traditionnelle, acteurs, itinéraires thérapeutiques, Paris, L'Harmattan, 1990.

- CORNEVIN R.
Haïti, Paris, Presses Universitaires de France, Collection Que sais-je ?, 1982.
- CORTEN A.
Misère, religion et politique en Haïti. Diabolisation et mal politique, Paris, Karthala, 2001.
l'État faible, Haïti et République dominicaine, Montréal, CIDIHCA, 1989.
- COLLOQUE international de Sociologie médicale "Santé, médecine et sociologie", 1978, Paris, Éditions du CNRS.
- CREUSAT L.
Gestion traditionnelle de la maladie et politiques de santé en Afrique du Sud, Clermont-Ferrand, Presses Universitaires Blaise Pascal, 2000.
- CUCHE D.
"Nouveaux regards sur la culture : L'évolution d'une notion en anthropologie", in *Sciences humaines*, n°77, 1997.
- CUNNINGHAM A.B.
Applied ethnobotany, people, wild plant use and conservation, London, Earthscan Publications Ltd, 2001.
- DAVIS W.
The serpent and the rainbow. New York, Simon and Schuster, 1986.
- DEGOUL F.
Le commerce diabolique, Petit-Bourg, Guadeloupe, Ibis Rouge Editions, 2000.
- DELACHET-GUILLON C.
Les Haïtiens de France et le Sida, Comportements-Croyances-Prévention, Paris, L'Harmattan, 1999.
- DELANGE Y.
Traité des plantes tropicales, Arles, Actes Sud, 2002.
- DE LA SOUDIERE M.
"L'inconfort du terrain, "Faire" la Creuse, le Maroc, la Lozère...", in *Terrain*, 11, pp.94-105, 1988.
- DELBEAU J.C.
Société, Culture et Médecine Populaire Traditionnelle, étude sur le terrain d'un cas : Haïti, Port-au-Prince, Imprimerie Henri Deschamps, 1990.
- DELINCE K.
Les forces politiques en Haïti, Paris, Karthala, 1993.
- DEPESTRE R.
Le mât de Cocagne. Paris, Gallimard, 1979.
- DESQUIRON L.
Catalogue d'exposition du Centre Culturel de l'Abbaye de Daoulas, 2003.
- DETIENNE M (dir.)
Transcrire les mythologies, Paris, Albin Michel, chapitre de G.Lenclud,

"Qu'est-ce que la tradition ?", 1994.
- DEVEREUX G.
De l'angoisse à la méthode dans les sciences du comportement, Paris, Aubier, 1980.
- DOUYON F.
Sortir du marasme : réflexions pour un croissance économique durable en Haïti, Montréal, Editions du CIDIHCA, 1997.
- EPELBOIN A.
"Plaidoyer pour l'ethnomédecine", in *Bulletin d'ethnomédecine*, 10, pp.17-19, 1983.
- ETIENNE S.P.
Haïti : l'invasion des ONG, Montréal, Les Editions du CIDIHCA, 1997.
- EVANS-PRITCHARD E.E,
Sorcellerie, oracles et magie chez les Azandé, Paris, Gallimard, 1972.
- EYMERI J.C.
Histoire de la médecine aux Antilles et en Guyane, Paris, L'Harmattan, 1992.
- FARMER P.
"The uses of Haïti" et "Pathologies of power", University of California Press, in *Le Monde Diplomatique*, juillet, 2003.
Sida en Haïti. La victime accusée, Paris, Karthala, 1996.
- FASSIN D.
Pouvoir et maladie en Afrique, anthropologie sociale dans la banlieue de Dakar, Paris, Presses Universitaires de France, 1992.
- FAVRET-SAADA J.
Corps pour corps, Paris, Gallimard (en collaboration avec J.Contreras), 1981.
Les mots, la mort, les sorts, Paris, Gallimard, 1975.
- FLEURENTIN J.
"Les plantes médicinales de la pharmacopée française", in *Encyclopédie des Médecines Naturelles*, Paris, Editions techniques, 1993.
- FOUCAULT M.
Les mots et les choses, Une archéologie des sciences humaines, Paris, Gallimard, 1966.
- GALLIBOUR E.
"Enjeux épistémologiques d'une recherche sur les itinéraires thérapeutiques des Haïtiens infectés par le VIH en Guyane française", in CARRICABURRU D et COHEN P, n°2, Collection Innovations et Sociétés, pp.93-108, 2002.
ONG et participation politique en Haïti, Mémoire de maîtrise de sociologie, Université de Bordeaux 2, 1990.

- GAUCHET M.
Le désenchantement du monde, une histoire politique de la religion, Paris, Gallimard, 1985.
- GHASARIAN C. (dir.)
De l'ethnographie à l'anthropologie réflexive, nouveaux terrains, nouvelles pratiques, nouveaux enjeux, Paris, Armand Colin, 2002.
- GIAFFERI N.
Couleur et rang dans la Caraïbe, Une ethnologue face aux discours et aux luttes du classement socio-racial dans la ville de Port-au-Prince (Haïti), Thèse de Doctorat en Anthropologie, Université d'Aix Marseille 3, 2003.
- GOOD B.
Comment faire de l'anthropologie médicale ? Le Plessis-Robinson, Synthélabo, 1998.
- GOODY J.
La raison graphique, Paris, Editions de Minuit, 1979.
- HAUDRICOURT A.G.
L'homme et les plantes cultivées, Paris, A.M Métailié, 1998.
- HELL B.
Possession et chamanisme. Les maîtres du désordre. Paris, Flammarion, 1999.
- HERSKOVITS M.J.
L'héritage du Noir : mythe et réalité, Paris, Présence africaine, 1966.
Life in a haitian valley, New York, Octogan Books, 1937.
- HESS S.
Domestic medicine and indigenous medical systems in Haiti : Culture and political economy of health in a disemic society, Thèse de Doctorat, University MacGill, Montréal, 1983.
- HEUSH L. (de)
"Pouvoir de sorcellerie et sorcellerie du pouvoir", in *Magie, sorcellerie, parapsychologie*, d.s. Hasquin, Edition de l'Université de Bruxelles : 141, 1984.
- HOFFMANN L.F.
Haïti, couleurs, croyances, créoles, Port-au-Prince, Henri Deschamps, 1990.
- HOURS B.
L'idéologie humanitaire ou le spectacle de l'altérité perdue, Paris, L'Harmattan, 1998.
- HOUTART F. & REMY A.
Haïti et la mondialisation de la culture : Etude de mentalité et de religion face aux réalités économiques, sociales et politiques, Paris, L'Harmattan, 2000.

- HUGHES E.C.
Le regard sociologique, Paris, École des Hautes Études en Sciences Sociales, 1996.
- HURBON L.
Pour une sociologie d'Haïti au 21ème siècle, La démocratie introuvable, Paris, Karthala, 2001.
"Le crime, l'oubli et la pardon", in *Chemins critiques*, vol.3, n°3 : 18, 1997.
Les mystères du vaudou, Paris, Gallimard, 1993.
Le barbare imaginaire, Paris, Cerf, 1988.
Comprendre Haïti, Paris, Karthala, 1987.
- ISAMBERT F.A.
Rite et efficacité symbolique, essai d'anthropologie sociologique, Paris, Editions du Cerf, 1979.
- JEAN J.C.
Transition politique en Haïti : radiographie du pouvoir Lavalas, Paris, L'Harmattan, 1999.
- JOACHIM B.
Les racines du sous-développement en Haïti, Port-au-Prince, Éditions Henri Deschamps, 1979.
- JOSEPH H.
"Médecine traditionnelle aux Antilles, ressources médicinales de la flore locale", in *Phytotherapy*, n° 25, pp.4-9, 1988.
- KALIS S.
Médecine traditionnelle, religion et divination chez les Seereer siin du Sénagal, Paris, L'Harmattan, 1997.
- KERBOULL J.
Vaudou et pratiques magiques. Paris, Belfond, 1977.
Le vaudou : magie ou religion ? Paris, Robert Laffont, 1973.
- KLEINMAN A
Patients and Healers in the Context of Culture. Berkeley, University of California Press, 1980
"Concepts and Model for The Comparison of Medical Systems", in *Social Science and Medicine*, 12:85-93, 1978.
- LACOMBE B.
Pratique du terrain, méthodologie et techniques d'enquête, Lille, Atelier national de reproduction des thèses, 1999.
- LAGUERRE M.S.
Afro-Caribbean Folk Medicine, Massachussets, South Hadley, Bergin & Garvey Publishers, 1987.
- LAPLANTINE F.
Anthropologie de la maladie, Paris, Payot, 1986.

- LATOUR B.
Petite réflexion sur le culte moderne des dieux faitiches, Paris, Les Empêcheurs de penser en rond, 1996.
- LAVERGNE R.
Étude ethnobotanique des plantes utilisées dans la pharmacopée traditionnelle à La Réunion, Paris, Agence de coopération culturelle et technique, 1989.
- LESCOT A. & SANTOS DA SILVA F.
Africultures 58, "A quoi rêve Haïti ?", Paris, L'Harmattan, 2004.
- LEVI-STRAUSS C.
La pensée sauvage, Paris, Plon, 1962.
"Magie et religion", in *Anthropologie structurale*, Paris, Plon, pp. 183-266, 1958.
"L'efficacité symbolique", in *Revue d'histoire des religions*, 135 (1), pp.5-27, 1949.
- LEVY J.J.
Entretiens avec Jean BENOIST : Entre les corps et les dieux, itinéraires anthropologiques, Montréal, Liber Éditeur, 2000.
- LIEUTAGHI P.
La plante compagne : pratique et imaginaire de la flore sauvage en Europe occidentale, Arles, Actes Sud, 1998.
L'herbe qui renouvelle, un aspect de la médecine traditionnelle en Haute-Provence, Paris, Maison des Sciences de l'Homme, 1986.
Les simples entre nature et société, Association Etudes Populaires et Initiatives, Mane, 1983.
- LONGUEFOSSE J.L.
100 plantes médicinales de la Caraïbe, Gondwana Editions, 1995.
- LORIMER D.
"Médecine populaire, d'après les notes inédites laissées par feu Lorimer Denis", in *Bulletin du Bureau d'ethnologie de la République d'Haïti*, série 4, n° 29, pp.37-39, 1963.
- LOUX F.
Pratiques et savoirs populaires : le corps dans la société traditionnelle, Paris, Berger-Levrault, 1979.
- MacALISTER E.
Catalogue d'exposition du Centre Culturel de l'Abbaye de Daoulas sur le *Vaudou*. Paris, Éditions Hoëbeke, 2003.
- MALINOWSKI B.
Journal d'ethnographe, Paris, Seuil, 1985.
Les Argonautes du Pacifique occidental, Paris, Gallimard, 1963.
- MASSÉ R.
"Les limites d'une approche essentialiste des ethnoéthiques. Pour un

relativisme éthique critique", in *Anthropologie et Sociétés*, vol.24, n°2, pp.13-33, 2000.
- MARTIN G.J.
Etnobotánica, Manual de métodos, Uruguay, Editorial Nordan-Comunidad, Montevideo, 1995.
- MARTIN Y. & DUMONT F.
Traité d'anthropologie médicale : l'institution de la santé et de la maladie, Québec, Presses de l'Université du Québec, 1985.
- MASSE R.
"Culture et dépression à la Martinique : itinéraire épistémologique d'une recherche anthropologique", in Carricaburu D et COHEN P, n°2, Collection Innovations et Sociétés, pp.17-31, 2002.
Culture et santé publique : les contributions de l'anthropologie à la prévention et à la promotion de la santé, Montréal, Paris, Ed.Gaétan Morin, 1995.
- MAUSS M.
Sociologie et anthropologie, Paris, Presses Universitaires de France (1ère édition 1950), Introduction de Claude Lévi-Strauss, 1985.
- MENGET P.
"Éthique et anthropologie", in Canto-Sperber M. (ed.), Dictionnaire d'éthique et de philosophie morale, Paris, PUF, 1996.
- MERTON R.K.
Éléments de méthode sociologique, Paris, Plon, 1953.
- METELLUS J.
Haïti une nation pathétique, Paris, Ed. Denoël, 1987.
- METRAUX A.
Le vaudou haïtien, Paris, Gallimard, 1958.
"Médecine et vaudou en Haïti", in *Acta Tropica, Revue des Sciences tropicales et de médecine tropicale*, vol.10, n°1, pp.28-68, 1953.
- MORAL P.
Le paysan haïtien, Paris, Maisonneuve et Larose, 1961.
- MOTTE E.
Les plantes chez les pygmées Aka, Paris, Selaf, 1980.
- MOUTERDE P. & WARGNY C.
Apre bal tanbou lou : cinq ans de duplicité américaine, Paris, L'Harmattan, 1996.
- MULOT S.
"Je suis la mère, je suis le père !" : l'énigme matrifocale. Relations familiales et rapports de sexe en Guadeloupe, Thèse de Doctorat de 3ème cycle cycle, Ethnologie, EHESS, 2000.
- NAMAM S.
Approches participatives et développement : une étude comparative de

cas en Haïti, Mémoire de DESS Urbanisme, Aménagement et développement local, Aix-en-Provence, 1999.

- NEPTUNE-ROUZIER M.

Pran fòs pou n'goumen, yon ti gid pou ede iminodefisyan yo sèvi ak sa yap manje piu defann tèt yo, Ministè Sante Piblik ak Popilasyon, Pwojè Sante MSPP/IDA-BM, 2001.

Plantes médicinales d'Haïti, Port-au-Prince, Editions du CIDIHCA, Editions du Regain, Imprimerie Le Natal, 1997.

Enquête ethnobotanique à Terrier-Rouge, Projet "Médecine traditionnelle", Port-au-Prince, Service Œcuménique d'Entraide, 1996.

- NERESTANT M.M, VAUCELLES L. (de)

Religions et politique en Haïti 1804-1990, Paris, Karthala, 1994.

- OLIVIER DE SARDAN J.P.

"Émique", in *L'Homme*, 38, 147 : 151-166, 1998.

Anthropologie et développement, essai en socio-anthropologie du changement social, Paris, Karthala, 1995.

D'un savoir à l'autre - Les agents du développement comme médiateurs, Paris, Editions Paquot, GRET, Ministère de la Coopération, 1991.

- PEETERS A.

Le lakou dans la région de Salagnac, Rapport de mission, Paris, DGRST, GRNR/P 151 bis, 1979.

- PERRONNETTE H.

Neuf histoires de quimbois, Faits vécus de sorcellerie aux Antilles, Paris, Editions Emile Désormeaux, 1982.

- PIERRE C.

L'économie haïtienne et sa voie de développement, Port-au-Prince, Ed. Henri Deschamps, 1993.

- PIERRE-NOEL A.V.

Nomenclature polyglotte des plantes Haïtiens et tropicales. Différents noms d'une même plante suivant les pays et les régions, Port-au-Prince, Presses Nationales d'Haïti, 1971.

Les plantes et les légumes d'Haïti qui guérissent, mille et une recettes pratiques, Port-au-Prince, Imprimerie Le Natal, Tome 1, 1959.

- PLUCHON P.

Vaudou, sorciers et empoisonneurs de Saint-Domingue à Haïti, Paris, Karthala, 1987.

- PORDIÉ L.

"Ethnopharmacologie et humanitaire", in *Revue d'ethnopharmacologie*, n° 26, 2000.

- PRANCE G, KALLUNKI J.

Neotropics Symposium Society For Economic Botany, Advances in economic botany, ethnobotany in the neotropics, New York, The New

York Botanical Garden, 1984.
- PRICE-MARS J.
Ainsi parla l'oncle, Port-au-Prince, Presses de l'Imprimeur (édition 1988), 1928.
- RABINOW P.
Un ethnologue au Maroc, Réflexions sur une enquête de terrain, Paris, Hachette, 1988.
- RENAUD A.
Pale kreyol. Manuel d'apprentissage du créole à l'usage des francophones, Québec, Garneau-International, 1994.
- RETEL-LAURENTIN A.
Étiologie et perception de la maladie dans les sociétés modernes et traditionnelles, Paris, L'Harmattan, 1987.
- ROMAIN C.P.
"La religion et le développement paysan en Haïti", *Bulletin de l'Académie des Sciences Humaines et Sociales d'Haïti*, n°11 : 90, 1981.
- ROMAIN J.B.
Mœurs et coutumes des paysans Haïtiens, Port-au-Prince, Imprimerie de l'État, 1959.
- RONCERAY Hubert (de)
Sociologie du fait haïtien, Port-au-Prince, Edition de l'Action sociale, 1979.
- ROSNY E. (de)
Les yeux de ma chèvre, Sur les pas des maîtres de la nuit en pays douala (Cameroun), Paris, Plon, 1996.
La nuit, les yeux ouverts, Paris, Seuil, 1996.
"Les nouveaux guérisseurs africains", in *Etudes*, Paris, n°6, 1984.
- ROSSI I.
Corps et chamanisme, Paris, Armand Colin, 1997.
- ROUAMBA A.
Les guérisseurs de la forêt sacrée : croyances et rites thérapeutiques Bambara dans le Bélédugu au mali, Thèse de 3ème cycle d'Ethnologie, Paris, Ecole des hautes Etudes en Sciences Sociales, 1985.
- ROUMAIN J.
Gouverneurs de la Rosée, Martinique, Edition Désormeaux, 1975.
- RULX L.
Phytothérapie haïtienne : nos simples, Port-au-Prince, Imprimerie Deschamps, 1980.
Note bibliographique sur la médecine traditionnelle, Port-au-Prince, Haïti, 1959.

- S.A.C.A.D. et F.A.M.V.
Paysans, systèmes et crises : travaux sur l'agraire haïtien, Pointe-à-Pitre, Port-au-Prince, 1993.
- SAILLANT F.
"Forêts, femmes et médecine : des imaginaires croisés de la nature guérisseuse au Québec et en Amazonie", in Collectif Martin J.B, Laplantine F, Pordeus I, *Usages sociaux de la mémoire et de l'imaginaire au Brésil et en France*, Centre de Recherches et d'Etudes Anthropologiques, Presses Universitaires de Lyon, 2001.
- SAINT GERARD Y.
L'État de mal en Haïti, Éditions Eché, 1984.
- SALOMON C.
Savoirs et pouvoirs thérapeutiques kanaks, Paris, Presses Universitaires de France, 2000.
- STURZENEGGER O.
Le mauvais œil de la lune, Ethnomédecine créole en Amérique du Sud, Paris, Karthala, 1999.
"Le naturel, le surnaturel et l'artificiel : sur certaines catégories de perception de l'environnement", in *Ecologie humaine*, 6 (1), pp.73-86, 1988.
- SUGIER C.
Haïti, terre cassée...Quinze ans dans la campagne haïtienne, Paris, L'Harmattan, 1996.
- TAVERNE B.
Les risques de contamination domestique de la population de Guyane par le mercure métallique et ses dérives, Rapport final, ORSTOM et RNSP, 1997.
"Les livres du pouvoir, le pouvoir des livres. A propos de la bibliothèque d'un "docteur-feuille" haïtien", in *L'Ethnographie*, Tome 89, n°114, pp. 43-64, 1993.
Un docteur-feuille à Cayenne, santé, culture et société chez les immigrés Haïtiens de Guyane Française, Thèse de doctorat en Anthropologie, Aix-Marseille 3, 1991
- THÉODAT J.M
Haïti et République Dominicaine. Paris, Karthala, 2003.
- THOMPSON R.F.
Flash of the Spirit African and Afro-American Art and Philosophy, New York, Random House, 1983.
- TRAMIL
Farmacopea caribeña, Santo Domingo, Editions Emile Désormeaux, 1ère édition, 1997.
Médecine et pharmacopée traditionnelle populaire dans la Caraïbe,

recherches scientifiques et usage populaire des plantes médicinales dans la Caraïbe, Santo Domingo, République Dominicaine, Enda-Caribe, 1988.
- TREMBLAY J.
Mères, pouvoir et santé en Haïti, Paris, Karthala, 1995.
- TURNER V.W.
The Forest of Symbols : Aspects of Ndembu Ritual, Ithaca, New York, Cornell University Press, 1967.
- VALDMAN A.
Ann pale kreyol, Bloomington, Creole Institute, 1998.
- VICTOR G.
La piste des sortilèges, Chateauneuf-le-rouge, Editions Vents d'ailleurs, 2002.
- VILAYLECK E.
Ethnobotanique et médecine traditionnelle créoles, Guadeloupe, Guyane, Paris, Editions Presses Universitaires Créoles, 2002.
- WARGNY C.
Haïti n'existe pas, 1804-2004 : deux cents ans de solitude, Paris, Autrement, 2004.
- WENIGER B.
La médecine populaire sur le plateau central d'Haïti, Université de Metz, CSE (Toxicologie de l'environnement), 1985.
- WERNER J.F.
"D'un itinéraire thérapeutique à l'autre ou les incertitudes du savoir ethnographique", in J.Benoist, 1996, *Soigner au pluriel, Essai sur le pluralisme médical*, Paris, Karthala.
- ZEMPLÉNI A.
"La 'maladie' et ses 'causes'", in *L'Ethnographie*, 2 (96-97), pp.13-44, 1985.
"Anciens et nouveaux usages sociaux de la maladie en Afrique", in *Archives de Sciences Sociales des religions*, Vol.27, pp.5-19, 1982.
- ZIMMERMANN F.
Le discours des remèdes au pays des épices, recherches ethnologiques et épistémologiques sur la tradition classique de la médecine hindoue chez les brahmanes Astavaidya, Thèse de 3ème cycle pour le doctorat d'État en Lettres, Lyon 3, 1985.

Revues

- *Bulletin de l'Académie des Sciences Humaines et Sociales d'Haïti*, n°11,
- *Revue de la Faculté d'ethnologie et du Centre de Recherche en Sciences Humaines et Sociales*
- *Bulletins d'ethnomédecine.*
- *Chemins critiques*, vol. 3 n°3, janvier 1997.
- *Conjonction*, n° 200, 1996, Le développement rural en Haïti, revue Franco-Haïtienne de l'Institut français d'Haïti.
- *Haïti Tribune*, bimensuel.
- *Les Cahiers de Médecine Naturelle du Service Œcuménique d'Entraide*,
- *Programme de Médecine traditionnelle*, "L'hypertension artérielle", Avril 1995, et "La diarrhée", Janvier 1998.

Pour Haïti,
- *Bulletin trimestriel* n°4, octobre décembre 1989
- *Association culturelle haïtienne*, n°1, février 1989 : 14-15, n°5, janvier 1990

Films

- *Haïti : La fin des chimères ?* de Charles Najman, 2004 (diffusé sur Arte le 27.04.2004)
- *Royal Bonbon*, de Charles Najman.
- *The Agronomist*, de Jonathan Demme, 2004.
- *Le silence des chiens*, de Raoul Peck, Haïti, 1994.

644809 - Mars 2016
Achevé d'imprimer par